国家自然科学基金项目“多渠道零售环境下研究型购物者的感知价值与渠道转换行为研究——零售商与购物者视角”（71272247）
武汉工程大学2021年校内基金“网络购物环境下的消费者退货行为研究——伦理取向视角”（K2021089）

电子商务情境下的消费者退货行为研究

刘 煜 著

知识产权出版社
全国百佳图书出版单位
—北京—

图书在版编目（CIP）数据

电子商务情境下的消费者退货行为研究 / 刘煜著 . — 北京：知识产权出版社，2023.7
ISBN 978-7-5130-5548-2

Ⅰ . ①电… Ⅱ . ①刘… Ⅲ . ①电子商务—消费者行为论—研究 Ⅳ . ① F713.55

中国国家版本馆 CIP 数据核字（2023）第 114744 号

内容提要

随着国内居民消费能力的提升和网上购物习惯的养成，中国网络零售市场交易规模不断增长。然而，宽松的退货政策也导致网购退货率飙升，并引发一些非伦理行为的出现。本书通过深入分析消费者网购退货的原因、驱动力及退货行为的分类，并通过情景实验和访谈，构建了网购合理性退货行为机制模型和机会主义退货行为机制模型。本书通过文献资料分析、访谈和情景实验等方法，提供了全面、深入的研究结果，为读者了解中国电子商务环境下的网购退货现象提供了重要的参考和理论基础。

责任编辑：郑涵语　　**责任印制**：孙婷婷

电子商务情境下的消费者退货行为研究

DIANZI SHANGWU QINGJING XIA DE XIAOFEIZHE TUIHUO XINGWEI YANJIU

刘　煜　著

出版发行：	知识产权出版社有限责任公司	**网　　址**：	http：//www.ipph.cn
电　　话：	010-82004826		http：//www.laichushu.com
社　　址：	北京市海淀区气象路 50 号院	**邮　　编**：	100081
责编电话：	010-82000860 转 8569	**责编邮箱**：	laichushu@cnipr.com
发行电话：	010-82000860 转 8101	**发行传真**：	010-82000893
印　　刷：	北京中献拓方科技发展有限公司	**经　　销**：	新华书店、各大网上书店及相关专业书店
开　　本：	720mm×1000mm　1/16	**印　　张**：	11.75
版　　次：	2023 年 7 月第 1 版	**印　　次**：	2023 年 7 月第 1 次印刷
字　　数：	160 千字	**定　　价**：	58.00 元

ISBN 978-7-5130-5548-2

序

随着国内居民消费能力的持续提升与网上购物习惯的逐步养成，中国网络零售市场交易规模保持持续增长。根据电子商务研究中心监测数据显示，2018年上半年国内网络零售市场规模达4万多亿元，网上购物及网上退货正成为人们日常生活的一部分。我国传统实体店时代，消费者购买到假冒伪劣产品时往往很难得到愉快的退换货服务，法律维权事件屡见不鲜，直到今天线下实体店购物也未有无理由退货的法律规定（《人民日报》，2018），实体店退货仍然不是一件轻松的事情。20世纪90年代末，电子商务与网络购物兴起后，特别是2014年实施的新版《消费者权益保护法》第二十五条明确规定了"经营者采用网络、电视、电话、邮购等方式销售商品，消费者有权自收到商品之日起七日内退货，且无需说明理由"后，消费者才真正体验到无忧购物、快乐退货的服务。宽松的退货政策减轻了人们远程选购风险的同时，也间接导致了网购退货率的飙升。根据《华尔街日报》报道，2016年美国有近30%的在线产品被退货，退货是零售业的一个可怕的黑洞，电子零售商的情况比实体店更为严重。而在我国，多年来网购退货率问题一直是个谜，各大电商平台守口如瓶、讳莫如深。一些媒体把每年"双十一"购物节过后的退货狂潮戏称为"退货劫"（电子商务，2013）。宽松的退货政策在增强了顾客网购的意愿、方便了顾客退货的同时也刺激了一部分机会主义者利用政策漏洞进行各种欺诈行为。例如，近年来在服装、化妆品、珠宝首饰、电子产品及一些奢侈产品中出现的一些恶意退货、网上"租衣客""多式购买"（multiple-item purchase）等现象引起了人们的注意，产生了很大的争议。2019年5月《北京青年报》的一篇"女子淘宝网购买18件衣服旅游晒图后全部退货"的报道更是让人们对于网购中现实存在的机会主义行为有了深刻的印象。所以全面、深入地研究中国电子商务环境领域目前比较活跃的退货现象十分有必要。

现有的关于电子商务领域的退货行为研究现状主要是从一般退货行为和非伦理退货行为两个角度分开来研究，探讨宽松或严格的退货政策对一般或非伦理退货行为的影响。对于一般退货行为研究侧重于从促销因素、在线评论因素对退货行为的影响，对于非伦理退货行为的研究也多以定性研究为主来探究各种不道德退货行为，缺乏从全面系统的角度来探究顾客网购退货行为。一方面产品质量在逐年提升，另一方面消费者网购退货率不降反升，其中的原因是什么？消费者网购退货行为背后的驱动力是什么？商家希望了解的消费者网购退货行为有哪些类型？消费者正常情况下退货行为的影响机制模型是什么？消费者机会主义退货行为的影响机制模型又是什么？

沿着这样的思路，本书以电子商务情境下的网购退货行为为研究主题，从以下两个方面进行研究。①探究消费者网购退货的各种原因、驱动力、消费者网购退货行为的分类及对机会主义退货行为进行甄别；②构建网购合理性退货行为机制模型和机会主义退货行为机制模型，并从实证角度来验证模型。

本书首先从消费者在线购物评论中寻找关于退货意愿的信息并在淘宝卖家平台社区中搜集有关买家退货行为的信息资料进行分析，形成网购退货访谈提纲，随后对 19 名有网购退货经历的顾客和 3 名开网店的商家进行深度访谈。从文献资料中归纳出 20 个网购退货原因，运用扎根理论方法中的主轴式和选择性编码归纳出消费者网购退货原因的主观因素、客观因素及退货的心理契约违背、期望不一致、购后失调、寻求消费刺激和伦理道德 5 个内因驱动力，总结出“被迫型”“上当型”“反悔型”“失望型”“欺诈型”“租借型”“多式购买型”7 种在线退货行为。并利用访谈搜集的 7 种退货场景，通过设计情境实验的方法让学生从伦理角度将这 7 种退货行为进一步归类到合理性退货行为和机会主义退货行为。在扎根理论分析的基础上，本书构建了消费者合理性退货行为机制模型和机会主义退货行为机制模型。

消费者感知的心理契约违背和期望不一致所导致的购后失调，在激烈的竞争环境和以顾客为中心的市场环境中，顾客日益把退货作为应对购后失调、减少购物风险的一种可行和合乎伦理的行为，合理性退货行为的机制可以得到很好的解释，消费者减少购后失调是引起网购退货率的上升的主要原因。

根据前面扎根理论方法构建出的电子商务领域心理契约违背中，关系型违背维度为感知信任违背，交易型违背维度为感知责任违背、感知承诺违背和感知公平违背。实证分析发现只有感知承诺违背对于购后失调影响的假设没有得到支持。其他三个维度——感知信任违背、感知公平违背和感知责任违背都被证明会导致消费者购后产品失调和情绪失调；而产品失调并不直接导致消费者退货行为，而是通过情绪失调导致退货行为发生，情绪失调才会直接导致消费者退货行为；同时实证发现退货成本对于消费者情绪失调和退货行为的调节作用显著，说明退货成本因素在网购退货中对于消费者退货决策行为产生一定程度的影响。

对于网购中存在的一些非伦理行为，计划行为理论很好地解释了机会主义退货行为机制。在机会主义退货行为机制研究中，机会主义者利用宽松的退货政策进行投机行为是一种有目的、有计划的行为。而机会主义退货态度的形成与消费者退货的伦理取向及消费者寻求消费刺激的个性有关，理想主义意识的人在做道德决定时坚持道德的绝对主义，会自觉地拒绝非伦理行为，不会干伤害别人的行为；而相对主义意识的人则相对地强调事情的结果，认为世上没有绝对的道德准则，做事情总是会依赖于情境。实证研究发现主观规范、感知行为控制和机会主义退货态度对于机会主义退货行为的影响都得到了支持；理想主义伦理取向与机会主义退货态度呈负向但不显著相关关系，而相对主义伦理取向则与机会主义退货态度呈显著性正相关关系，寻求消费刺激需求也与机会主义退货态度呈显著性相关关系。这证实了消费者伦理道德取向和寻求消费刺激个性对于机会主义退货行为的影响是显著的。同时我们进一步从人口统计学角度，采用独立样本 t 检验和方差分析方法来检验人口统计变量对相关变量的影响进行分析。结果发现：①在性别因素方面，男性、女性在机会主义退货态度和行为上存在差异；②在年龄结构方面，不同年龄段在机会主义退货态度、行为等方面没有显著性差异；③网购开销结构方面，高消费组别的消费者在寻求消费刺激需求方面要显著性高于其他组别，机会主义退货态度和退货行为也要显著性高于其他组别；④在网购退货频率因素方面，不同组别的机会主义退货态度、消费者伦理取向和主观规范方面并没有显著性差异。

刘　煜

前　言

近年来，中国电子商务市场发生了深刻的变化，商业模式上不断迭代升级，在传统电子商务基础上衍生出了直播、短视频和社交电商等。疫情也让人们习惯了宅在家里边观看直播节目边购物的生活方式。电商不断冲高的销售量背后却曝出高频的网上退货现象，网上不断传出某某明星“双十一”直播带翻车，退货率高达 70% 的事件，有的服装主播今天卖 1000 件，明天退货 500 件等。刨除各种明星直播翻车导致的退货负面消息外，研究人员更应该关注的是普通人常态化退货行为会有哪些不一样的特点和普遍的规律，消费者伦理观、消费者认知和心理等方面特征对于退货行为带来的影响，退货对于平台电商和可持续发展的经济带来的影响。

本书分别运用消费者伦理、心理契约违背、认知失调和计划行为等理论开展了消费者退货行为伦理取向、消费者合理性退货行为、消费者机会主义退货行为三项研究，比较全面地解释了消费者网购退货行为中所呈现的现象和规律。首先，运用定性的研究方法，通过对购物网站评论信息中有关退货内容的二手资料进行深度分析并结合所做的网购退货的访谈资料，采用扎根理论的方法构建出消费者网购退货行为取向模型，并对这一行为模型的合理性进行实验测量。其次，运用心理契约违背和认知失调理论构建了消费者购后合理性退货行为模型，通过调研数据对模型进行验证，分别检验了关系型契约违背、交易型契约违背、情绪失调、产品失调及退货成本等因素对消费者合理性退货行为的影响。最后，基于消费者伦理意识和计划行为理论构建了消费者机会主义退货行为机制模型。运用调研数据对模型进行了检验，分别验证了消费者人口统计变量对于机会主义退货行为的影响，具有不同伦理意识（理想主义者和相对主义者）、消费者个性特征（追求消费刺激）对于机会主义退货行为的影响，并进一步验证了感知行为控制、主观规范和机会主义退货态度在伦理意识、个性特征和机会主义退货行为间的中介效应。

我们得出以下 7 个研究发现：①引起消费者网购退货的原因包括主观、客观因素，主观因素主要是消费者个性特征和伦理意识，客观因素则包括商家的诚信经营活动、退货政策及退货成本；②消费者网购退货行为背后内隐着 5 种驱动力；③网购退货行为取向呈现 7 种类型；④网购退货中存在着 4 种感知心理契约违背；⑤退货日益成为消费者减少购后失调的一种合理性诉求；⑥网购退货成本对于消费者正常退货行为产生一定程度的影响；⑦消费者伦理意识和寻求消费刺激的个性特征影响着机会主义退货态度的形成。

根据研究结论，提出了减少网购退货行为对策及管理借鉴：①在线交易中买卖双方都应该理解并践行彼此隐性心理契约关系、履行诚实守信的责任，电子零售企业应该为顾客提供终身顾客让渡价值；②打造客户关系管理机制，建立更好的互动沟通渠道，减少顾客购后失调；③建立诚信机制和惩处机制，电商平台能够利用平台数据管理好、教育好客户，让不诚实的商家和消费者因为自己的不诚实付出代价。

目　录

第一章 绪 论

根据中国电子商务研究中心的数据，2018 年上半年，中国网络零售市场交易规模达到 40 810 亿元，占社会消费品零售总额的 22.70%[1]，随着国内居民消费能力持续提升与网上购物习惯的逐步养成，中国网络零售市场交易规模将会保持持续增长。在网购日益成为人们生活中的一部分的同时，随着电商无理由退货政策的实施曾经让人望而止步的退货现象近年来也变得非常普遍，并逐渐成为一种社会规范。同样来自中国电子商务研究中心检测的数据显示 2018 年上半年电子商务消费各类纠纷和热点投诉问题中，退款问题占 15.34%，商品质量投诉占 7.90%，发货问题占 6.61%，网络欺诈问题占 6.59%，网络售假占 3.95%，退换货难占 3.59%。[2] 而对于各大电商平台商品退货率的问题却缺乏一个明确的统计数据，平台和商家对此也是守口如瓶、讳莫如深，毕竟高的退货率会对自身的商誉造成影响。宽松的退货政策会促进购买意愿和提高满意度，同时也会带来退货率的上升等负面效应；而重新采取一些限制性的退货政策，如增加消费者退货麻烦成本、要求提供发票、填写退货原因、延长退货流程、缩短退货期限等措施又会增加消费者购买风险，降低客户满意度和降低购买意愿等（Kumar，2009）。

从商家和退货政策角度来理解网购退货问题是比较困难的，以往的文献又多聚焦于研究退货政策对于购买行为的影响，缺少对消费者退货行为的全面实证研究。本书正是从理解和洞察消费者退货行为的角度出发，先介绍电商背景下网购退货行为研究议题的选题背景，在此基础上提出研究问题，阐

---

[1][2] 电子商务研究中心 .2018（上）中国网络零售市场数据监测报告 [EB/OL].（2018-09-27）[2022-07-10]. http://www.100ec.cn/2t/18wlls.

释了研究顾客网购退货行为的目的和研究意义，再通过对研究内容的分析制定了本书的研究框架、研究方法和研究技术路线等。

第一节　研究背景介绍

消费者退货问题长期以来一直是企业关注的焦点，因为它对企业的经营产生了不利影响。不同的文献记载的统计数据均显示产品退货呈现不断上升的趋势。约翰逊（Johnson，2003）的物流研究表明，退货的处理和加工成本远远高于销售成本，处理产品退货的成本是处理出货成本的两到四倍。埃森哲（Accenture，2007）报道，在美国电子产品行业，产品退货相关的总成本占制造商收入的 5%~6%，占零售商销售额的 2%。彼得森和库马尔（Petersen & Kumar，2010）提出退货给美国制造商和零售商造成约 1000 亿美元的销售损失，包括重新装箱、补充库存和转售，平均每家零售商或制造商的利润下降 3.8%。迪诺琴佐（Dinnocenzio，2011）、杜西特（Douthit，2012）指出电子产品退货增长了 21%，并预计这一趋势将持续上升。这给美国制造商和零售商在 2007 年和 2011 年分别造成 138 亿美元和 170 亿美元的损失。根据 Appriss 零售（Appriss Retail，2017）的数据，美国当年总销售额的 10% 被退货，退货造成超过 3500 亿美元的销售额损失，这个数字接近 2017 年联邦预算赤字。根据亚马逊网站统计，在英国 2018 年假日购物季期间，高端产品零售商的退货率高达 50%，全年产品退货价值高达 600 亿英镑，大量的网购退货对零售商的业绩产生了巨大的影响。鲁道夫（Rudolph，2016）的研究发现，所有电子商务订单中至少有 30% 被退回，而实体店只有 8.89% 被退回。可以说产品退货是零售业的一个可怕的黑洞，电子零售商的情况又要比实体店糟糕得多。

中国传统实体店一直实行比较严格的退货制度，通常只有产品有缺陷、出现质量问题时才能退货，退货程序也比较麻烦，消费者买到假冒伪劣产品时，考虑漫漫的维权之路，人们往往会放弃退货，所以退货在电商出现之前不是一个研究热点。2014 年颁布实施的《消费者权益保护法》专门规定了针对网络远程购物实施七日无理由退货制度，而线下实体店购物并不在内，实体店至今也未被纳入无理由退货的法律规定内。这也间接地推动了很大一部分消费者从线下实体店迁徙到线上购物，促进了电子商务的快速发展，也导致了线上产品退货率的快速增长。据新浪财经统计，天猫运动用品 30 天的平均退货率达 15.07%，普通的服饰、鞋、箱包的退货率也高达 7.48%，而诸如亚马逊、戴尔等网络直销商的退货率则高达 35%（李建斌，李赟，2016）。虽然全国没有一个正式确切的网络购物退货数据，但退货问题也着实让商家头疼，退货政策可能被滥用，企业利润受到侵蚀。根据中国跨境电商“雨果网”报道，近年大量的海外网购“连环退货者”故意超计划购买商品，用一段时间后就退货，庞大的“连环退货者”对零售商的业绩已经产生了巨大影响，不仅给零售商带来了额外的物流压力，也给他们的销售利润带来了沉重的打击。而国内电商平台也出现了网购“试穿族”，每逢节假日都会穿着买来的衣服出门旅游，旅游结束就要求退货；一些恶意退货行为频繁出现，一些买家在收到货物后故意夸大产品磨损程度，在评论和留言中故意发布恶意评论、负面体验、“劣质”图片，以给差评来威胁卖家进行退货赔偿；更有一些网商同行恶意诽谤对手产品，雇佣职业差评师进行恶意差评和刷单行为。面对这样的买家，大多数网商束手无策，明知道遭受到网络欺诈或恶意退货行为，为了不影响商家信誉评分，采用息事宁人、破财免灾的方法来迎合顾客不合理的退货退款要求。

第二节 研究问题及其目的与意义

一、研究问题

在这种背景下，近年来研究产品退货问题的文献越来越多就不足为奇了。

其一，在运营管理和物流领域对产品退货进行了大量的理论和实证研究，重点从成本和逆向物流的角度探讨对退货行为进行有效的管理。这些研究阐明了如何从经济和物流的角度提高退货处理的效率。其二，为了降低零售商的退货率和退货成本，近年来一些研究开始从退货政策的宽松或严格程度来探究退货问题。在美国，激烈的市场竞争迫使企业提供更多的服务福利，以提高业绩。几乎所有的美国公司都提供免费退货政策，允许消费者以任何理由退货。户外用品零售商安伊艾（REI）是最早提供“不问理由”的宽松退货政策的公司之一。包括沃尔玛（Walmart）在内的许多大型零售商都向顾客提供 90 天退货政策。有关退货政策的一系列研究结果影响了许多公司，他们通过改进客户满意度，加强客户售后服务计划，来减少产品的退货。然而这种过于宽松的退货政策也产生了大量不诚实和机会主义退货行为。不诚实的消费者之所以会滥用自由退货政策，是因为他们的不道德行为是没有任何后果的，行业观察者和营销从业者提供了许多逸事证据来支持这一发现。例如，一些消费者购买晚礼服、伴娘礼服和摄像机等产品，他们只是暂时借用产品的功能，并不打算保留它们。

另外，有越来越多的研究者开始从消费者退货动机角度来洞悉和理解消费者为什么要退货的基本问题，这对营销从业者和研究人员来说都是一个很重要的本质问题。研究发现许多因素都有可能导致电子零售商的产品退货率升高。例如，由于网购的不确定性导致产品不符合预期，到货后发现产品故障、产品损坏、发货错误、发货不完整，消费者冲动性购物后改变主意，消费者发现了别的地方价格更低、产品更好，消费者故意退货、欺诈性退货等。

埃森哲咨询公司（2007）提供了一份关于消费者产品退货的研究报告，发现尽管近年来随着电子产品质量的不断提高，不合格产品的比例有所下降，但退货率仍然很高，家用电器的退货率为 11%~20%。根据制造商的报告，在所有退货产品中有 68%（超过 2/3）被归类为“未发现问题”或是没有“缺陷”的，另外 27% 属于“买家的后悔”，只有 5% 的退货是因为产品确实存在缺陷或失误。而根据消费者提供产品退货的主要原因中，49% 属于“产品表现没有如预期的好”，26%“购买后悔”，25%“产品有缺陷或产品失败”，这与制造商给出的原因形成了有趣的对比，消费者的反应和制造商提供的信息之间的差异值得仔细分析，消费者将产品缺陷、产品故障列为退货的主要原因，这一比例（25%）是制造商（5%）的 5 倍，说明消费者把一些个人因素、情感因素和认知因素归入产品质量问题上。

如果只是单纯关注一般的产品退货行为，我们是很难解释上述现象差异的。近年来不道德行为在日常生活中屡屡被曝光，在工作场所、交易市场、社会领域甚至学术界都可以发现不道德行为，这种不道德行为已经不能再被忽视，从伦理的角度研究消费者的产品退货行为势在必行。施密特（Schmidt，1999）是文献中最先从伦理角度研究产品退货的人，他使用术语“deshopping”（购物诈骗）并将其定义为在消费体验之前和体验期间就预谋好以产品实际缺陷以外的原因来进行故意退货。金和丹尼斯（King & Dennis，2006）借用施密特等对“deshopping”的定义，研究了“deshopping”态度、主观规范和行为控制对“deshopping”的影响。皮龙和杨（Piron & Young，2000）使用“retail borrowing”（零售借贷）一词来调查不道德退货行为，并研究性别效应和收入对“零售借贷”的影响。约翰逊和李（Johnson & Rhee，2008）研究了消费者个性、人口统计学特征和社会群体对商品借贷的影响。哈里斯（Harris，2008）对欺诈性退货倾向性进行实证分析，发现欺诈性退货行为与人口统计学（如性别、年龄、受教育程度）和心理因素（如既往有过欺诈性退货的经历、对退货规章制度的了解、社会规范等）有关。上述研究要么过于狭隘，要么是纯定性研究。因此，需要从实证角度全面了解哪些原因导致消费者的产品退货伦理行为。

近年来，机会主义行为因为对零售商造成了严重的财务影响越来越受到关注。机会主义是与歪曲、舞弊和诈骗相对应的，是以隐瞒或歪曲信息为手段（Williamson，1975；Williamson，1996）。机会主义行为的发生通常是因为个体对于机会主义的成功概率有很高期望（Joshi & Arnold，1997）。消费者可能会寻找一种方式来合理化他们的行为。哈里斯（Harris，2010）的文献揭示了客户故意和不正确地报告服务失误或进行非法投诉的行为是普遍和频繁的，其中欺诈性退货是最常见的形式。机会主义退货这种现象在西方成熟市场被曝光报道得比较多，这与美国公司提供慷慨免费退货政策有关。几乎美国所有公司都提供 30 天、60 天或者 90 天的无理由退货期，一些公司甚至把鼓励消费退货作为其营销竞争策略的一部分，提供长达半年到一年的退货保障。中国电子商务实行的 7 天无理由退货政策，退货期限相较美国短了很多，会不会也存在像美国那样的机会主义非伦理退货行为呢？人们对这一问题的好奇心也随着 2019 年 5 月 11 日《北京青年报》的一篇“女子淘宝网买 18 件衣服旅游后退货”报道得到了肯定的答案。

基于以上文献的分析我们认为需要从全面的角度来研究电子商务领域消费者退货行为，分析消费者退货的理由是什么，他们退货行为背后的驱动力是什么，商家希望了解的消费者退货行为类型有哪些，如何从理论上来分析和解释消费者正常退货行为机制及机会主义退货行为机制。

二、研究目的

无理由退货政策的实施促进了电商的快速发展，大量的文献研究关于宽松退货政策对顾客信任、满意度、顾客忠诚及购买意愿的影响，但是过于宽松的退货政策带来的是零售商的退货率升高和销售利润被侵蚀，而限制性退货政策又会出现消费者购买意愿下滑，零售商面临着两难的选择。降低退货率的另一个研究领域是洞察消费者行为，帮助消费者改善购物体验，减少不必要的退货成本。由于零售商的退货率数据缺乏，研究人员很难通过网络零售商的数据来洞察消费者网购退货行为，而从消费者的角度来研究网购退货行为、帮助零售企业建立良好的客户关系则显得特别有意义。为此我们拟从以下 5 个角度来开展研究。

（1）从网络评论文献和访谈资料出发，采用探索性研究的方法全面地探究消费者网购退货各种原因、退货动机和退货行为，构建消费者网购退货行为取向模型。

（2）探索消费者正常情况下合理性退货行为机制模型、前置变量和中介变量。

（3）探究电子商务交易中的心理契约违背对于消费者退货行为的影响，构建电子商务中的心理契约违背的维度和开发测量量表。

（4）验证网络购物中消费者认知失调与消费者退货行为的关系。

（5）探索消费者非伦理情况下的机会主义退货行为机制模型、前置因素和变量。

三、研究意义

（一）理论意义

（1）系统地研究网购退货行为。以往研究退货的文献要么是从一般退货行为出发，要么是从非伦理退货行为出发，很少从全面的角度来对电子商务情境下的退货行为进行实证研究。研究一般退货行为也多是从满意度、顾客涉入度、后悔及退货政策等角度进行，很少探究合理性退货行为产生的前置因素和中介机制，同时对于消费者购后失调理论的解释也还是套用费斯廷格（Festinger）的认知重构理论。本书认为今天的营销环境不同于费斯廷格提出认知失调那个年代，消费者拥有了与零售商进行沟通和互动的机会，更主要的是他们掌握了交易中的话语权，拥有了反悔权。当他们经历了购后失调时选择退货是他们用来减少自己的认知冲突、恢复心理平衡的一种重要工具。

（2）开拓了电子商务领域的心理契约违背维度和测量方法。起源于组织行为学领域的心理契约违背维度并不能套用于营销情境下，现有的营销文献研究缺乏有效地探究电子商务背景下心理契约违背维度和测量量表，用扎根理论研究的方法来探索网购退货中的心理契约违背维度，并开发适用于电子商务背景下的量表显得十分有必要。

（3）探究了电子商务领域的机会主义退货现象。机会主义行为的消费者的购物目的不是为了保留产品，而是利用宽松的退货政策，实现一己私利，满足一时的功能需求和心理满足，是一种损害他人利益的投机行为。具有机会主义退货倾向的顾客往往在伦理意识方面存在着问题，对于损害他人的行为他们往往会采取辩护的态度为自己的欺骗行为进行美化。本书用计划行为理论来解释机会主义退货行为是合适的。

（二）现实意义

如今网购日益成为人们喜欢的一种购物方式，从每年“双十一”不断刷新的成交量就可以说明。同时网购退货问题也逐渐成为一些网络零售商所头疼的问题。宽松的退货政策，导致网购退货率居高不下，不断侵蚀着电子零售商的利润，让一些中小型零售商难以为继，退货反向物流也造成了大量人力、物力和资源的浪费。解决好一直困扰着网络零售商的网购退货率问题具有现实意义，同时也为减少环境资源浪费、建立环境友好型社会具有重要意义。从文献研究来看，真正来源于产品质量问题的退货只占很少一部分，大多数退货行为可能是由其他原因所导致的，洞察消费者退货行为，建立良好顾客忠诚关系对于商家、平台及物流公司都具有现实意义。

第三节　研究内容

一、章节内容

本书以网购退货行为为研究主题，探讨导致网购退货的因素、驱动力，从伦理角度分析不同的退货行为类别，扎根理论方法构建网购退货行为取向模型，并运用情境实验的方法测试消费者对于合理性退货行为和机会主义退货行为划分的合理性和可行性。对于合理性退货行为，运用心理契约违背理论和购后认知失调理论进行解释，采用实证方法来验证模型合理性；对于机会主义退货行为从计划行为理论和消费者伦理取向角度来进行解释，实证方法验证模型合理性。

全书共分为六个章节，各个章节内容如下。

第一章绪论。介绍了选题的背景：网购退货日益流行，而研究网购退货行为的文献不多。洞悉和构建网购退货行为取向模型和影响因素是本书的目的，从理论和现实角度分析研究的意义，解释本书研究的基本内容、研究结构、研究方法和研究技术路线。

第二章文献综述。主要梳理了与本书相关的文献及理论基础，包括退货文献研究、心理契约违背相关研究、认知失调相关研究和消费者伦理研究。对现存的文献进行述评，分析研究不足，探索存在的研究机会，为本书构建模型建立基础。

第三章消费者网购退货行为取向研究。基于扎根理论研究方法对网购退货行为的访谈内容和网络退货意愿二手资料进行编码，建构退货行为取向模型，设计情境实验论证顾客合理性退货行为和机会主义退货行为划分的合理性。

第四章合理性退货行为研究——购后失调视角。根据前文扎根理论方法构建了网购中的合理性退货行为模型，从营销角度重构了交易型和关系型心理契约违背的维度，对购后失调对于心理契约违背与合理性退货行为的中介作用进行了论证。

第五章机会主义退货行为研究——计划行为理论视角。以计划行为理论为基础构建模型，从消费者感知行为控制、主观规范及消费者机会主义退货态度三个方面来验证机会主义退货行为。同时进一步从顾客伦理取向和寻求消费刺激需求角度来论证消费者机会主义退货态度和信念的形成与消费者的主观伦理道德和个人特性之间的关系。

第六章研究总结及展望。对全书进行系统的总结和归纳，得出重要的研究发现、理论贡献和管理借鉴。提出本书研究的主要局限性及未来研究的发展展望。

二、研究框架

本书研究框架如图 1-1 所示。

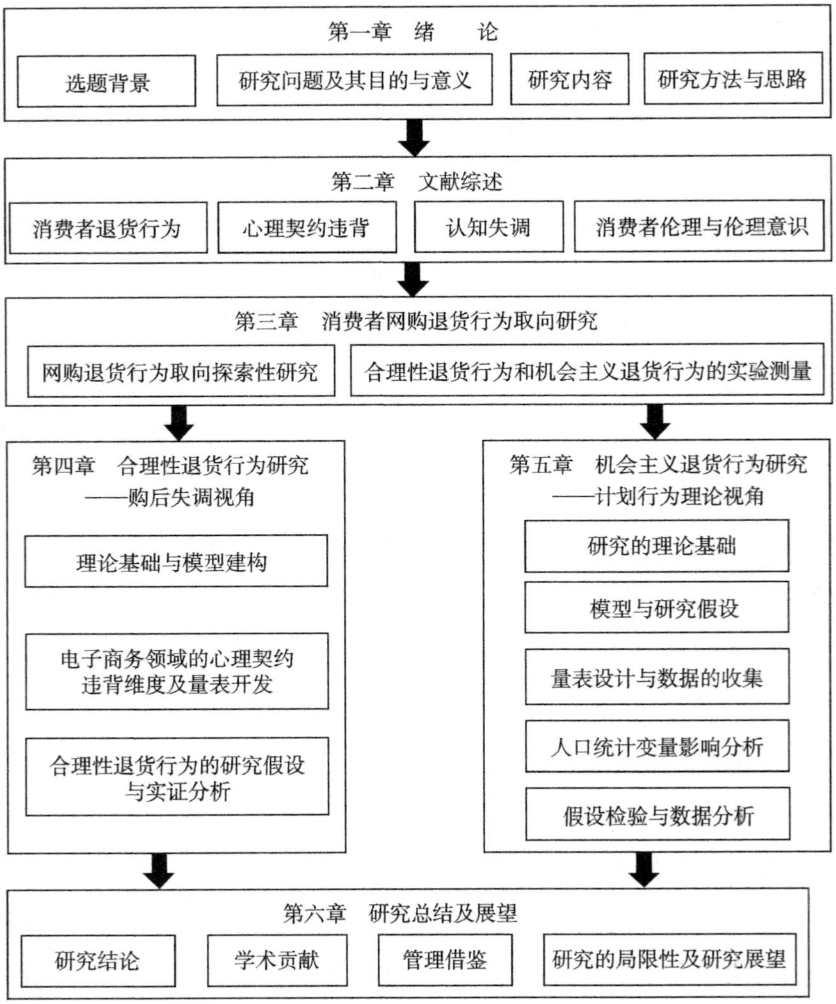

图 1-1　本书研究框架

第四节 研究方法与思路

一、研究方法

本书采用定性和定量研究相结合，以实证研究为主、定性研究为辅的研究方法。先采用质化的方法探索性地构建消费者网购退货行为取向模型，然后分别对合理性和机会主义两种退货行为从实证角度进行论证。主要运用了以下研究方法。

（一）文献研究法

文献研究法是对前人在本领域研究贡献的总结和归纳，为本书进一步研究奠定了基础。本书收集了关于退货行为、退货意愿、退货前置变量等相关研究的文献，厘清了他们间的脉络、关系、研究边界和研究空白，找准了本书的切入点，明确了退货行为的动因，厘清了各个变量之间的逻辑关系，为构建理论模型做好铺垫。

（二）扎根理论研究法

为了构建中国消费者网购退货行为取向模型，本书先是收集网络差评中关于退货意愿的二手文献，然后对具有网购退货经验的消费者进行访谈，运用经典的扎根理论方法对网购退货行为文字材料进行开放式编码、主轴式编码和选择性编码三阶段理论模型的构建。

（三）情景实验法

借用退货情景实验的方法对从伦理角度对网购退货行为进行合理性和机会主义行为进行判断和甄别。

（四）问卷调查法

为了验证消费者网购合理性退货行为和机会主义退货行为模型，本书基于成熟量表和扎根理论方法开发的量表，设计了调查问卷量表，先在武汉某高校学生群体中发放问卷进行预测试，根据预测试来精简题项，修改问卷，最终形成正式问卷，并利用国内问卷调研平台“问卷星”提供样本服务，大量发放问卷、收集问卷、淘汰质量不好的问卷、确保问卷良好的外部效度和信度。再利用统计软件 SPSS22.0 和 SMART PLS 对数据进行处理、验证模型假设。

二、研究的总体设计

本书试图解决以下主要问题：①消费者网购退货行为形成的原因和类型是什么？②不同类型退货行为的机制是什么？前置因素、中介变量和调节变量有哪些？为此，本书拟采用扎根理论的方法，先构建网购退货行为取向模型，然后在质的研究基础上分别对不同取向的退货行为机制进行研究；运用认知失调理论、心理契约违背理论构建合理性退货行为机制模型，并对心理契约违背的维度进行划分和量表的开发；运用计划行为理论和消费者伦理理论构建机会主义退货行为机制模型。本书技术路线，如图 1-2 所示。具体来说，通过以下三个方面的四个研究来进行。

（一）消费者退货行为取向研究

通过收集的一手资料和二手资料，运用扎根理论的方法全面、系统地诊断网购退货中的各种概念、逻辑和故事线。在此基础上构建网购退货行为取向模型，在模型构建后对模型进行阐释并运用实际访谈的退货案例设计情景实验，让受试者从伦理角度对网购中的退货行为进行分类，以此来验证模型的合理性。

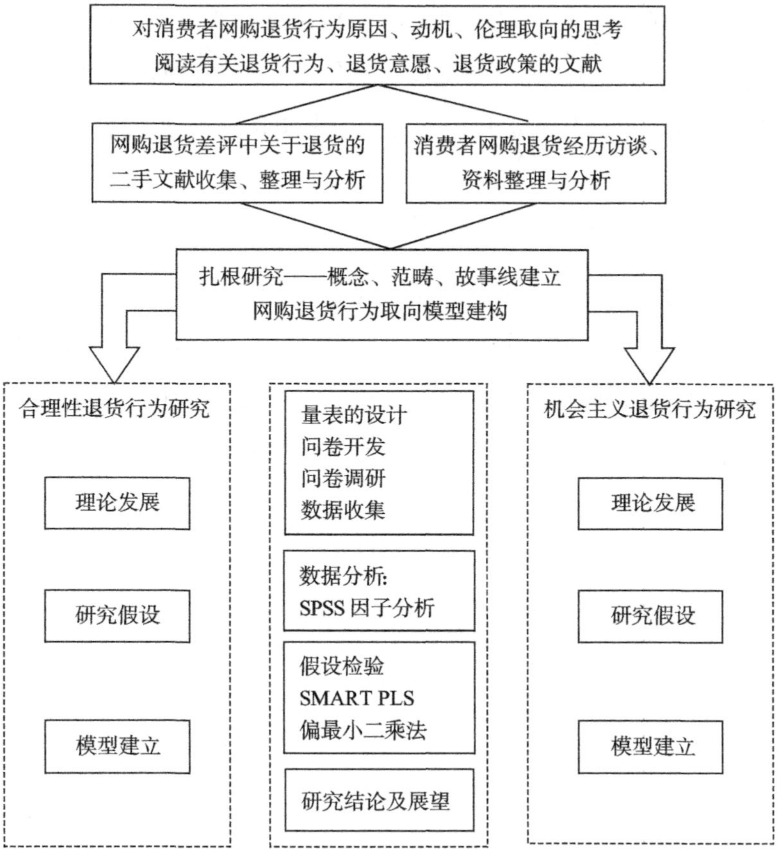

图 1-2 本书技术路线

（二）合理性退货行为机制研究

根据前文关于退货行为扎根理论的研究结果，以及现有研究的需要，此部分共包括两个子研究。

（1）心理契约违背的维度划分及其量表开发。由于目前电子商务领域缺乏权威的心理契约违背维度的界定和合适的测量量表，本书在测量合理性退货行为时认为有必要对电商领域心理契约维度进行重新界定和量表开发。

（2）合理性退货行为机制模型构建与实证研究。基于认知失调理论建构合理性退货行为模型，根据扎根理论方法构建感知心理契约违背维度，通过假设检验验证心理契约违背不同维度及期望不一致维度对购后失调和合理性退货行为的影响，同时检验退货成本对购后失调和退货行为的调节作用。

（三）机会主义退货行为研究

从计划行为理论角度来解释机会主义退货行为发生的原理。消费者的任何非伦理行为的发生与其自身的信念、价值观、个性特征及周围社会群体的影响分不开。因此本假设推演机会主义退货的态度形成与消费者伦理取向及寻求消费刺激的个性特征有关，依据计划行为理论构建机会主义退货行为机制模型。

第二章 文献综述

本章对与本书主题退货行为相关文献进行梳理和评述。首先，就消费者退货行为，从一般性退货行为和非伦理退货行为角度，针对以往的文献研究进行梳理，并对文献进行简短的述评，结合中国电子商务中存在的问题和退货行为研究的不足提出了本书研究的必要性。其次，回顾电子商务中与合理性退货行为的研究主题相关的心理契约文献对心理契约定义、维度及测量进行论述，重点对营销领域的心理契约违背文献进行回顾和述评，提出电子商务领域顾客感知心理契约违背的维度和量表的开发研究不足。再次，对与退货行为相关的认知失调文献进行了综述，包括认知失调定义、减少失调的措施、营销领域的认知失调研究、认知失调的测量、细分和结果研究，特别是回顾了电子商务环境下认知失调研究的文献。最后，回顾了与退货行为有关的消费者伦理及伦理意识研究文献，包括消费者伦理概念及测量、伦理意识概念及测量、消费者伦理意识和非伦理行为的研究文献等。

第一节 消费者退货行为

一、退货行为的界定

到目前为止，在市场营销特别是在电子商务领域很少有文献专门针对消费者的退货及退货行为进行解释和定义。罗杰斯（Rogers，2002）曾经把 C2B 情况下的退货定义为退货是指与规格型号或订单相匹配的产品被打开了或被使用后，由于某种原因（买家的后悔或者产品的缺陷），被从终端客户退回到零售商。康和约翰逊（Kang & Johnson，2009）认为产品退货行为是购后行为的一部分，可以被概念化为实际购买的结果与购前期望相比较的过程中，如果消费者因为实际绩效结果与期望的差异而感到不满，消费者可能会把产品退回给零售商。查特维吉特（Chatvijit，2012）把产品退货行为定义为消费者对产品不满意后的投诉行为。

二、退货行为的分类

现有的退货行为研究文献要么是从正常角度考察一般的退货行为，要么是从伦理角度狭隘地考察商品借用、欺诈性退货等不道德的退货行为，很少有文献综合全面地考查所有退货行为。赛格－古德曼（Seger-Guttmann）从合法性角度把退货分为合法性和非法性退货行为，合法退货（legitimate returns）是指在退货政策许可的框架内作出的退货，而非法退货（illegitimate returns）是一种欺骗式退货行为，顾客购买商品后的目的是在使用后将其退回并要求零售商退款（Seger-Guttmann et al.，2018）。裴等（Pei et al.，2018）从消费者退货行为入手，将其笼统地分为合法退货行为和机会主义退货行为两类。将合法的退货行为定义为在成熟的市场中可以接受的退货行为，包括由于产品缺陷、卖家的过错、买家的后悔或者外部市场的变化而引起的退货行为；将机会主义退货行为定义为不诚实、不道德的退货行为，包括商品借用及其他相关的欺骗性退货行为。

三、一般情况下合理性退货行为研究文献

文献中关于一般情况下消费者合理性退货行为主要从退货的影响因素和退货的结果两个角度进行研究。

（一）退货影响因素

姜和罗圣朋（Jiang & Rosenbloom，2005）的文献研究了价格感知和购后满意度对在线退货意愿的影响，发现与价格感知相比，交货后的满意度对总体客户满意度和产品退货意愿的影响都要大得多。贝什瓦提和西戈（Bechwati & Siegal，2005）探讨了产品选择替代方案和消费者参与程度对产品退货可能性的影响，得出产品退货的可能性受替代品的选择和消费者参与程度的影响。舒尔曼等（Shulman et al.，2009）研究发现消费者的购买和退货决策受卖方定价和退货费用政策的影响，而不受消费者偏好和产品特征之间匹配度的影响。康和约翰逊（Kang & Johnson，2009）探讨了美国消费者的服装退货行为与时尚创新、购买冲动和退货政策考虑之间的关系，发现参与者的退货行为与购买冲动和退货政策的考虑呈正相关关系。古玛（Kumar，2009）研究了退货的前置因素（即为送礼而采购、降价促销购买、节日购买、购买新产品类别），如过去的礼物、过去的销售或过去的新渠道购买负向影响产品退货行为，而假期购买和新产品类别购买正向影响产品的退货行为。彼得森和古玛（Petersn & Kumar，2015）探讨了顾客退货的满意度和退货行为之间的关系，令人满意的产品退货体验实际上可以通过降低顾客对当前和未来购买的感知风险而使公司受益。米内马（Minnema，2016）研究了在线评论特征（评论效价、数量和差异性）对退货决策的影响。皮克（Pick，2016）验证了消费者的退货意愿对实际退货行为的影响，发现退货意愿与实际退货决策和重新启动关系的持续时间有很强的正相关关系。李和易（Lee & Yi，2017）研究了购物赠送礼物与退货意愿的关系，发现购买免费赠品的消费者不太可能退货。李明芳（2017）分析了情境规范调节了认知失调与退货意愿间的关系。李和易（Lee & Yi，2019）选择免费礼物降低了产品的退货意愿，并且这种关系是由感知所有权和感知损失起中介作用的。

（二）退货结果

莫伦科夫等（Mollenkopf et al.，2007）研究发现产品退货和退货满意度的感知价值与消费者忠诚度呈正相关关系。吴波和李东进（2013）用实验法验证了远程购物消费者退货后的反应，两种退货原因引起的退货在消费者退货责任归因、感知企业信任违背和消费者退货的后悔上均存在差异。格里菲斯（Griffis，2012）研究发现有退货经验的顾客比没有退货经验的顾客更频繁地购买商品，并且每次购买的商品也更多。李东进等（2013）分析了退货对消费者购后后悔和重购意愿的影响，结果表明，由于偏好问题引起的退货，退货对后悔的缓解作用显著大于由于质量问题引起的退货；对于质量问题引起的退货，较少将宽松退货政策视为质量信号的消费者，退货后后悔较少。何奇兵和张承伟（2019）验证了网购中退货服务补救与消费者购买意愿间的关系。张圣亮和张结娣（2016）测评了不同原因的网购退货对购后行为的影响。

四、非伦理情况下退货行为研究文献

随着不道德行为日益出现在我们生活的各个方面，非伦理行为在工作场所、交易市场、社会领域甚至学术界都随处可见，很多术语被用来描述不道德的顾客，如异常消费者（aberrant consumers）、问题消费者（problem customers）、不正常消费者（dysfunctional customers）或行为不端消费者（misbehaving consumers），它们都代表着不道德行为。这种不道德行为已经不能再被忽视，从伦理的角度研究消费者的产品退货行为势在必行。目前关于非伦理退货行为的文献主要从概念属性及影响因素两个方面进行研究。

（一）非伦理退货行为概念属性

施密特（Schmidt，1999）是第一个从伦理的角度来研究产品退货的人，他使用术语“deshopping”，并将其定义为在消费体验之前和体验期间预先策划好的，出于产品实际故障以外的原因而故意退货。他通过焦点小组访谈为未来研究探索“deshopping”行为确定了主题。金和丹尼斯（King & Dennis，2006）借用 Schmidt 等对“deshopping”的定义，应用计划行为理论更深入地了解“deshopping”过程及如何减少“deshopping”问题。皮龙和杨（Piron & Young，2000）运用零售借贷（retail borrowing）一词来表达消费者非伦理退货行为，并把它解释为所购物品在使用后就退还的一种行为，并研究了性别和收入对零售借贷的影响。哈里斯（Harris，2008）把欺诈性退货（fraudulent return）定义为一种不合法的产品退货行为，如要求对使用过的、消费者损坏的，甚至是被盗的产品进行退款。雷诺和哈里斯（Reynolds & Harris，2009）用定性方法探索和描述蓄意欺诈性退货的“非法”投诉的动机和形式。罗 & 黄（Ro & Wong，2012）针对机会主义客户的不正当投诉，运用定性方法调查服务人员如何处理服务遇到的机会主义客户投诉。荆涛等（2018）通过实地问卷调查，采用结构方程模型从“成本—收益”视角对网购退货运费险欺诈行为进行分析，为遏制欺诈行为，可以考虑提高欺诈方实施欺诈的成本。而尚等（Shang et al.，2017）使用术语“wardrobing”（衣橱）来描述具有欺诈倾向的消费者行为。这类消费者会将退货选项用于短期消费，而不是简单地解决由不确定性所带来契合度问题而退货，这种类型的欺诈属性是显著的。据报道，这种欺诈行为占服装行业所有退货的近 50%。裴和帕斯旺（Pei & Paswan，2018）实证将消费者的退货行为分为合法退货行为和机会主义退货行为两大类。西格－古特曼（Seger-Guttmann，2018）情景实验法探讨顾客退货情景（合法或不合法）与服务员工响应对顾客结果（忠诚与迎合）的综合影响。

（二）非伦理退货影响因素

约翰逊和李（Johnson & Rhee，2008）研究了零售借贷现象，社会群体的影响和以往的借贷经历与商品借贷行为呈正相关；就业状况（全职与兼职或失业）与商品借用行为呈负相关；玩世不恭、物质主义等个人特质对商品借用的影响不显著。哈里斯（Harris，2008）进行关于欺诈性退货倾向的实证分析，得出欺诈性退货行为与人口统计学（如性别、年龄和教育水平）和心理因素（如过去的欺诈性退货经历、对退货规则和规章的了解、社会规范）有关。哈里斯（Harris，2010）定性地探讨了与顾客成功进行欺诈性退货的可能性相关的十个主要因素。费斯克等（Fisk et al.，2010）概念性地探讨了顾客个性、动机和情境因素影响顾客不当退货行为的框架。当特和哈里斯（Daunt & Harris，2012）调研了个人因素（个性和人口统计变量）与环境因素（服务角度和特定情境变量）之间的关系，以及功能失调的客户行为的动机。谢（Hsieh，2012）探讨电子商务退货服务中顾客感知机会主义的存在、角色和背后隐含的问题，提出了一个理论框架将退货策略和信息可信度与感知机会主义、信任和黏性意图联系起来；研究结果提醒零售商在提供电子商务退货服务时，应了解感知机会主义的不可避免性及相关的损害，并建议采取有效的措施，如平滑的流程设计和合理的收费计划，来解决这一问题。阿玛西亚和沙（Amasiatu & Shah，2014）通过对现有的关于消费者欺诈的文献综述进行研究，得出消费者网络欺诈的动机有自我动机（自尊需要；社交圈内的社会接受度）、财务动机（缺乏资源）、报复动机（对大企业的消极态度）和情境因素；网络欺诈的驱动力有消费者失范和愤世嫉俗、消费者退货政策知识、退货行为的经济后果、消费者的自我意识缺乏、公众的自我意识水平、过往成功执行欺诈行为的经验、行为的感知影响、操作该行为的难易度、对行为后果的感知、对该行为的正面态度、社会规范、寻求刺激的体验、产品类型等；消费者欺诈主要形式有“deshopping”、退款欺诈、信用滥用、申请欺诈等。弗朗（Pfrang，2015）采用社会规范和自我利益等行为矫正方法来尝试减少网络购物中的机会主义退货行为，运用在线实验法验证了社会规范与自我利益这两种诉求都能降低具有欺诈性退货倾向的消费者退货概率；如果欺诈性倾向因情境中的机会主义的激活而放大，这种效应尤其明显。裴等（Pei et al.，2017）采用实证的方法探讨了消费者线上退货行为的原因，发现冲动性、追求独特性、产品适切性、感知风险和社会影响等因素导致了合法退货行为；而不道德、自我监控、社会影响等因素导致了机会主义退货行为。结果表明合法的退货行为可以增加消费者的再光顾意愿，而机会性退货行为则降低了消费者的再光顾意愿。阿力玛里（M. Ali Ülkü，2018）从供应链管理的角度构建了宽松退货政策下，机会主义顾客滥用退货政策的报童模型，该模型结构和数值结果有助于管理人员了解最优订购数量、利润、退货率和残值如何随价格和退货的麻烦成本而变化。

第二节　心理契约违背

一、心理契约概念及维度

（一）心理契约概念

阿吉里斯（Argyris，1960）首次将“心理契约”这一概念用于工作场所，用以描述员工与雇主之间的关系。他认为心理契约是员工和雇主之间的一种隐性协议，表达的是彼此满足对方的需求。莱文森等（Levinson et al.，1962）进一步发展了这一概念，并将其定义为员工和雇主间建构雇佣关系中所包含的一系列隐含的和未明说的相互期望。沙因（Schein，1965）认为心理契约是员工与组织间的一种相互期望的对应关系，强调心理契约应该从个人和组织的角度来理解。

尽管早期人们就对心理契约的研究很感兴趣，但直到卢梭（Rousseau）重新研究该术语并将其重新定义为“员工对自身与组织之间相互交换协议的条款和条件的信念”之后，这一概念在组织行为学中的应用和实证研究才得以充分发展。在卢梭（Rousseau，1989）的定义中，心理契约是个体对自身与组织之间相互交换的条件的一种信念。当员工开始相信雇主已经给自己未来的回报作出了承诺、愿意考虑来换取承诺时，心理契约就产生了。换句话说，通过心理契约，员工可以知道自己该为雇主做什么，以及雇主有义务回报自己什么。

虽然卢梭和他的同事对心理契约的定义与之前的研究理论相似，即心理契约表达的是一种雇佣关系，但是他们对心理契约的定义与之前的研究有三个截然不同的特点。第一，心理契约是在个人层面上的，这种聚焦于员工视角的概念有别于之前的关注劳资双方视角的定义，它使心理契约暗含着个人的感觉、态度和行为，并立即为心理契约理论的发展注入了活力。第二，心理契约本质上是主观的、感性的，虽然双方在契约条款上都有相互一致的信念，但并不一定对所有契约条款都有相同的理解。这不仅是因为个人在处理与契约相关的信息时存在认知或感知上的限制，还因为多种信息源可能会影响契约的发展。鉴于心理契约的这种认知特征，信息搜索和加工理论可以很容易地用来理解心理契约发展的潜在过程，这为心理契约研究人员开辟了一个新的研究方向。第三，心理契约是一种约定的契约，它由承诺、报酬和接受三个要素构成。心理契约是基于感知的承诺，即组织对未来行动的承诺，如培训、晋升机会和加薪。当员工以作出贡献，如努力工作和忠诚来换取承诺时，就会得到报酬，接受仅仅意味着双方自愿参与并对心理契约的条款负责。因此，这种承诺的契约约束了双方的互惠义务，员工知道自己该付出哪些行动和从雇主那里得到哪些回报。由于心理契约的承诺特性，交易互惠的社会交换理论对于理解契约履行成败后的结果是很有帮助的。

（二）心理契约维度

1. 二维结构论

与麦克尼尔（MacNeil，1980）的契约分类相似，卢梭（Rousseau，1990）将心理契约内容分为两类：交易型心理契约和关系型心理契约。交易型心理契约主要集中于经济交换，是一种短期或有期限的雇佣安排，职责的安排和工作投入是明确的和有限的，比较典型的测量因子是竞争性薪酬。关系型心理契约是一种长期的或开放式的契约，具有松散的性能标准，比较典型的测量因子是培训和发展机会。交易型心理契约构建雇佣关系，关系型心理契约维系雇佣关系。在这两种类型的契约中，雇主更看重关系型心理契约，而员工则更看重交易型心理契约。鲁滨逊（Robinson，1994）通过对215 名 MBA 毕业的校友进行历时两年的追踪调研，运用因子分析法证实了员工和雇主的义务可以分为关系型和交易型，进一步证明了心理契约分类的合理性。

2. 三维结构论

二维结构虽然得到大家普遍认可，但是由于前期的样本主要是来自北美，心理契约的研究仍然未得到充分的探索，特别是文化环境的影响可能提供更多的发现。卢梭（Rousseau，1995）认为共享或规范的心理契约可以作为团队成员的功能发展。例如，医院中护士通常被认为是发展关系型心理契约的，而交易型心理契约通常与临时工相关。因此，卢梭（Rousseau）认为心理契约的形成也会受到与民族文化相关的团队成员关系的影响。李（Lee，1999）也从跨文化角度通过比较中国香港地区的员工和美国员工心理契约维度，进一步验证了卢梭和蒂乔里瓦拉（Rousseau & Tijoriwala，1996）提出的关系型、交易型和团队成员（team player）三个维度（Lee et al.，2000）。李原和郭德俊（2006）通过对 796 名人员进行调查研究得出中国员工心理契约三维度：规范型责任、人际型责任和发展型责任。

3. 四维结构论

除了对心理契约进行交易型和关系型的区别外，卢梭（Rousseau，1995）还从员工与雇主契约期限的长短，以及对绩效要求明确与否两个维度进一步把心理契约划分为交易型（transactional）、关系型（relational）、平衡型（balanced）

和过渡型（transitional）四个类型。交易型心理契约是短期的、不灵活的，并伴随着可预期绩效的具体条款，他们高度关注经济交易，如福利、工资和绩效等，不需要投入信任或情感。相反，关系型心理契约往往是开放式的，绩效条款也不那么明确和完整，除了经济利益外，还包括非经济的承诺，如相互信任、诚信、忠诚和支持等。平衡型心理契约是交易契约和关系契约特征的组合，它的特点是期望建立长期的交流关系、具体的绩效和奖励条款；拥有平衡型心理契约的员工认为，他们的雇主需要履行社会情感和经济方面的责任。当交换关系是短期的，并且在具体的履行和互惠条款上没有达成一致时，过渡型心理契约就形成了。这种类型的契约反映了交换关系的破裂及信任和承诺的下降；过渡型心理契约可以从组织变革中产生，如裁员、减薪和工作条件的降低，这种心理契约没有雇主和员工之间的任何共同承诺，因此，它不是一种真正的结构形式。

贾米尔等（Jamil et al.，2013）指出平衡型和过渡型心理契约还没有进行实证探索和测试，主流研究通常聚焦在交易型和关系型合同契约。交易型、关系型、平衡型和过渡型契约的共享特性，以及它们彼此边界的不清晰对每个维度构造不同的测量方法提出了挑战。尽管卢梭（Rousseau，2000）开发了心理契约量表（Psychological Contract Inventory，PCI）对这些四个契约维度进行心理测量，然而后续的研究使用这一量表时经常会忽略对平衡型和过渡型心理契约维度的测量。心理契约维度如表 2-1 所示。

表 2-1　心理契约维度

	学者	心理契约维度
二维结构论	Macneil（1985） Rousseau（1990） Rabinson（1994）	关系型、交易型心理契约
三维结构论	Rousseau & Tijoriwala（1996） Lee（1999）	关系型、交易型、团队成员型心理契约

续表

	学者	心理契约维度
三维结构论	李原，郭德俊（2006）	规范型责任、人际型责任和发展型责任
四维结构论	Rousseau（1995）	交易型（transactional）、关系型（relational）、平衡型（balanced）和过渡型（transitional）

二、心理契约违背

莫里森和罗宾逊（Morrison & Robinson，1997）把心理契约违背定义为员工感知组织未能履行与自己心理契约中的一条或多条责任义务或感知与自己所付出的贡献不相称的一种背弃。它是一种感知承诺与实际所得之间的差异，这种差异来自员工评估自己的付出与得到的报酬间的差，会涉及不公平感和期望未能得到满足。心理契约违背的产生存在两种情况：第一种是“违约”（reneging），组织确实违背了承诺，没有履行其义务，导致组织违约又有两种情况，组织可能是因为缺乏专业知识或缺乏财政资源导致无能力履行义务，也有可能是想通过节约成本来实现利润最大化，故意不愿意履行其义务。第二种情况是“不一致”（incongruence），由于员工与组织对于承诺或义务的信念不一致或者双方对承诺有不同的理解导致组织认为履行了义务，但员工认为没有履行，有三种情况可能导致不一致的产生，认知图式的分歧、义务的复杂性和模糊性及缺乏有效的沟通。认知图式是指“对给定的概念或刺激类型产生有组织的认识”。不同情境产生不同的认知图式，双方对承诺的理解和记忆可能会不同；他们对承诺的本质或者对是否作出过承诺都可能产生分歧，如图 2-1 所示。

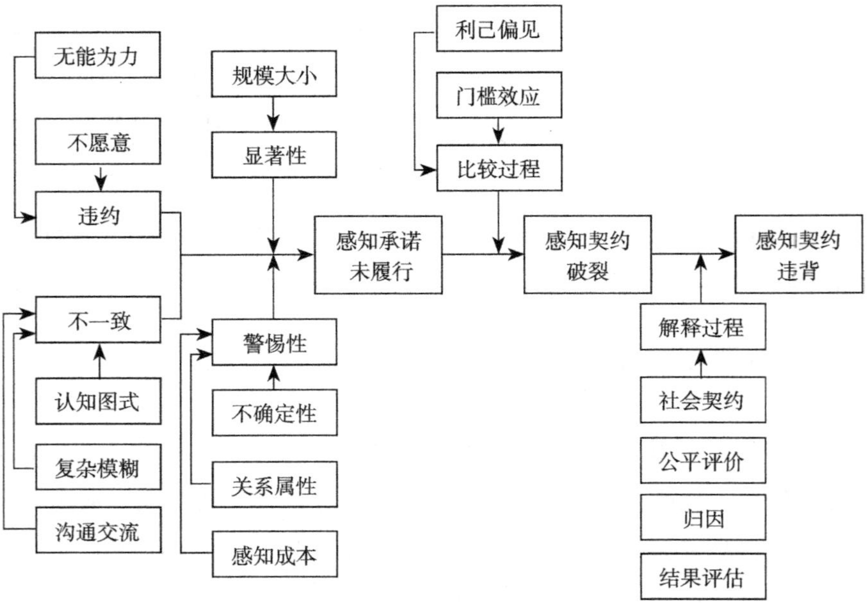

图 2-1　心理契约违背演化

三、营销领域的心理契约及心理契约违背研究现状

（一）营销领域心理契约研究

心理契约的概念很快被推广应用到其他类似的情境中，如房东和租户、顾问和客户、丈夫和妻子、教师和学生、治疗师和患者之间的各种心理契约关系（Roehling，1997）。班切罗和艾利亚伦（Blancero & Ellrarn，1997）首次提出员工和组织间的心理契约关系也可以应用到供应商与买方间的关系中去，并指出供应商与客户间保持互惠的心理契约关系特别重要，供应商努力工作来满足客户的服务要求和期望，并期望通过自身的努力工作来继续保持与客户合作关系。卢埃林（Llewellyn，2001）探讨了大型电信公司服务交付过程中的内部客户与供应商之间的心理契约关系。埃德尔斯顿等（Eddleston et al.，2002）探讨了为顾客提供服务的员工如何平衡与顾客和管理层之间的

心理契约关系。帕夫卢等（Pavlou et al.，2005）探讨了心理契约在网络市场中的性质和作用。在国内研究中罗海成（2005）将心理契约应用到营销情境中并开发设计了相应的测度量表。除了罗海成之外，申学武（2007）也界定了电子商务情境中的心理契约概念内涵，开发设计了相应的测度量表。其他学者也丰富了心理契约在不同营销场景中的应用。游士兵等（2007）将心理契约的概念引入品牌关系中，研究发现了消费者在品牌中最关注的5个心理契约感知指标（质量和服务、奖励、价格、社会和情感利益、沟通）及各指标被关注的程度。马妍等（2013）尝试开发服务营销下的顾客心理契约量表，得出企业心理契约真实可靠、服务环境、服务公平和售后服务4个维度，顾客心理契约主观规范、保持关系、信息反馈和推荐4个维度。马妍等（2010）实证研究得出心理契约除了对顾客购买意愿存在正向影响之外，对顾客满意和转换成本同样存在显著影响。岳英等（2014）以餐饮服务业为背景，研究了服务关系视角下商家服务的显性关系契约和隐性心理契约履约情况对顾客感知“服务失败”和“服务补偿”的影响。单汩源等（2014）对C2C环境下服务保证、消费者心理契约和行为意向间关系进行实证，研究发现条件限制性和承诺适度性对消费者交易心理契约有显著的正向影响，条件限制性与利用便捷性对关系心理契约有显著的正向影响；条件限制性只能通过心理契约影响行为意向，承诺适度性只能通过交易心理契约影响交易型行为意向。万映红等（2013）通过顾客心理契约中商家“责任”认知机理研究，基于映像理论提出了顾客对于商家“责任”认知过程的模型及假设，发现顾客心理对商家“责任”存在非补偿和补偿两类要素。万映红等（2014）探究顾客心理契约中商家责任形成的先导决定因素，顾客心理契约中商家责任映像经历了价值、目标、实施决策的三个认知进化阶段。喻建良等（2011）研究了消费者交易心理契约、关系心理契约与感知风险、网络信息及重复购买行为之间的关系。关系心理契约主要通过影响消费者的网络信任来影响重复购买意向，而交易心理契约尽管同样主要通过网络信任来影响重复购买行为意向，但其对网络信任的影响度要低于关系心理契约。万映红等（2011）探究服务关系下顾客隐性需求——顾客心理契约中服务商责任是由服务规范、服务公平、人际沟通、共生发展构成的服务商“责任”结构。

（二）营销领域心理契约违背研究

1. 心理契约违背对供应商或顾客的影响

营销中关于心理契约违背的文献主要关注信任、满意度、感知公平性、顾客忠诚、重购意愿等构念与心理契约违背之间关系的研究。布莱斯利等（Blessley et al.，2018）探讨了买方和供应商间的关系契约违背与感知公平性和更换供应商的关系，发现关系型心理契约违背对公平感知有直接的影响，也会受到情绪反应的间接影响；情绪反应在契约违背对供应商更换决定的影响间起完全中介作用。马尔霍特拉等（Malhotra et al.，2017）透过信任与满意度的中介机制，探讨心理契约违背对顾客重复使用线上零售商网站意愿的影响，探讨心理契约违背对顾客重复使用线上零售商网站意愿的影响，结果证实了心理契约违背通过信任和满意度对顾客重复使用意愿的间接影响，研究结果也支持感知结构保证在人际关系网络中的调节作用。奇赫（Chih，2017）探讨心理契约违背对消费者感知公平与行为意图之间的关系的影响，研究发现具有较高分配公平和程序公平水平的消费者更有可能有行为意向，心理契约违背在上述关系中起部分中介作用。普拉桑塔和萧邦（Prasanta Kr & Chopdar，2017）探讨了在发展中国家心理契约违背对服务质量和感知价值的影响，进而影响用户对移动购物应用的正向口碑意向，研究发现心理契约违背对服务质量和感知价值有负向影响，证实了服务质量和感知价值对用户积极口碑意向的显著正向影响。林等（Lin et al.，2015）以餐饮行业的典型代表肯德基为研究对象，分析服务品牌心理契约违背对顾客忠诚的影响，定义了营销情境下的品牌心理契约违背，研究品牌危机管理对顾客感知的干预效果。希尔等（Hill et al.，2009）研究了在买方与供应商关系中，不道德行为对信任的影响，供应商对违反心理契约的感知如何部分或完全调解买方不道德行为与供应商对买方的信任之间的关系。戈尔斯等（Goles et al.，2009）探讨了电子商务中的信任违背，信任违背的三个特征（负面结果程度、因果归因于卖方、卖方反应的感知公平）会影响心理契约违背，影响到消费者的信任（情感信任和认知信任）、重购意愿、负面的口碑传播意图及继续在网上购物意愿。奥特里等（Autry et al.，2007）探究了退货的合理性对销售员对顾客态度的影响，销售员对顾客态度受感知规范性、合理性影响，而不受感知认知合理性违背和感知规则合理性违背的影响。帕夫卢和杰芬（Pavlou & Gefen，2005）研究了网络市场中的心理契约违背的前因、后果和调节作用，单个卖家心理契约违背影响整个卖方社区心理契约违背，通过影响交易意愿、价格溢价、信任、感知风险和机构结构的感知有效性来负向影响买方交易行为。梁文玲和刘燕（2014）研究了心理契约违背对饭店顾客忠诚的影响，心理契约违背两个维度与饭店顾客忠诚两个维度均呈显著负相关关系；服务补救在心理契约违背与饭店顾客忠诚的关系中起到部分调节作用。余可发（2011）发现消费者与品牌关系中也存在心理契约关系，通过定性研究得出品牌关系中消费者心理契约的违背将对品牌关系产生重大破坏，消费者将采取断裂、抱怨、沉默、破坏等行为。刘俊清（2018）在探讨心理契约违背对零售商品牌权益的影响研究中把心理契约分为基本规范型、交易利益型、人际关系型、社会情感型4个维度。

2. 心理契约违背维度及量表的开发研究

目前主要是沿用组织行为学的交易型和关系型违背两个维度来开发营销情境下的量表。罗海成（2005）针对消费者服务情境开发心理契约量表，用6个问项来测量消费者的交易型心理契约维度，用6个问项来测量消费者的关系型心理契约维度。申学武等（2007）参照罗海成（2005）的问卷设计了针对电子商务情境中的心理契约测量量表，从交易型心理契约与关系型心理契约两个维度进行量表设计，共包括 12 个问项。帕夫卢和杰芬（Pavlou & Gefen，2005）梳理出在线市场卖方心理契约的 4 个基本义务：①按照承诺及时交付购买的产品；②交付与广告中描述的、网页所展示相同的商品；③遵守付款政策的承诺，接受买方付款；④遵守销售条件，履行退货或退款承诺。帕夫卢（Pavlou）将卖方的欺诈、产品虚假陈述、合同违约、产品延迟交付、不承认产品质保及拒绝遵守支付政策等行为认定为在线市场上心理契约违背的共同潜在来源，而该文章认为网络购物主要涉及的是短期交易性契约关系，关系型契约不是研究的重点，同时，该研究并没有把心理契约违背中涉及买方的契约违背纳入考察，对于研究网络购物中合理性退货行为来说是并不全面的。帕夫卢和杰芬（Pavlou & Gefen）的在线心理契约违背测量题项，如表 2-2 所示。

表 2-2　帕夫卢和杰芬的在线心理契约违背测量题项

欺诈	您是否曾在亚马逊或易贝（eBay）的拍卖中遇到过特定卖家的欺诈企图（如收钱却不交付产品、产品质量欺诈、出售假冒产品）？
产品虚假陈述	您是否曾收到过与卖家在亚马逊或易贝拍卖会上发布的描述有显著不同的产品（如更便宜、质量更差、损坏或使用过的产品）？
合同违约	“您是否在亚马逊或易贝的拍卖中遇到过卖家违约（如拒绝接受付款和交付产品）？
产品延迟交付	在亚马逊和易贝的拍卖中，您是否经历过严重的产品交付延迟？
不承认产品质保	您是否曾有任何卖家在亚马逊或易贝的拍卖中不承认产品保证的经历（如产品退款、退货、保修）？
拒绝遵守支付政策	在亚马逊或 eBay 的拍卖中，是否有任何卖家拒绝承认其支付政策（拒绝某些形式的支付）？

综合来看，营销领域目前并没有形成一套公认的、成熟的心理契约违背的量表，现有的量表或多或少都存在着某方面的缺陷。国内大多数量表是套用组织学领域的量表，测量的题项并不能真实地反映网络交易中顾客和电子

零售商之间的契约关系，有些研究电子商务领域心理契约违背的文章借用罗海成、申学武等开发的量表，而罗海成的量表题项的设计是基于理发等服务业情境的，申学武的量表也是借用罗海成题项进行修改而成，量表测量的是顾客与商家心理契约问题，并不是测量心理契约违背问题。电子商务领域买卖双方远程交易牵涉到订货、收货两阶段分离及商家、平台、物流等多个服务提供方，充满着不确定性情境和多种心理契约关系，而目前这方面探索性研究还很不充分，因此本书认为运用质性的方法构建电子商务情境中的心理契约违背关系结构维度和开发心理契约违背量表是十分有必要的。

第三节 认知失调

“认知失调”一词在20世纪中期首次出现，目前在PsycINFO（美国心理学协会出版的著名的文摘索引数据库）上大约出现3000次，在科学出版物中，原书被引用超过2.5万次，这一数字相当于在过去60年里每天有超过一次的引用量。认知失调理论已经被应用到大量的社会情境中，并导致了许多新颖的实验设计。可以说，它是社会心理学、普通心理学和交叉学科领域具有影响力的理论之一。

一、认知失调概念

（一）原始概念

20世纪50年代初，费斯廷格构建了认知失调理论（cognitive dissonance theory），它表明个体因为对周围的环境、自身或自己行为的认识、观点或信念等认知上的不一致，产生一种不安感，即认知失调状态。根据这一理论，当人们体验到认知失调时，他们会感到不舒服，从而被激励去获得一种可接受的状态。该理论认为，人的认知因素包括信念、思想、感情、态度、行动等，人们总是力图保持其内部认知系统的平衡与协调，若这些认知因素之间发生冲突，便产生了认知失调，认知失调使人产生心理紧张不安，因而人们会努力摆脱这种状态以重新达到内心的平衡。不平衡的认知状态所具有的能动性质促使人们改变其认知系统的某些因素来减少失调或恢复认知系统的平衡。认知失调的程度取决于所涉及的认知的重要性和强度。经历认知失调越高，就会有更大的压力和动力去减少认知失调。研究结果表明，当人们不按照他们的行为态度行事时，就会产生不协调（如违背他们的意愿去写支持的论点、执行他们不赞成的任务等）。费斯廷格（Festinger，1957）考虑了三种处理认知失调的方法：①改变一个或几个导致不和谐的元素（如改变某个观点以适应该行为）；②添加新的元素来减少认知不一致性（如接受与行为一致的观点）；③减少所涉及的元素的重要性。

认知失调理论虽然是从社会心理学领域中引入的，但它也成为营销学研究中经常被使用的理论。仅在费斯廷格（Festinger，1957）引入认知失调理论的几年后，营销理论家就开始运用它来解释消费者行为的原因。埃尔利希等（Ehrlich et al.，1957）和恩格尔（Engel，1963）调查了购后失调和购后对广告的兴趣来减少失调的关系。两项研究的实证结果表明，在购买后顾客增加对广告的关注与消费者努力减少失调的可能性无关。

后来，凯西（Kaish，1967）用认知失调理论重新定义了在文献中被识别的三类消费品：便利品、选购品和专卖品。根据作者的观点，这些普遍被接受的产品类别定义是不完整的，因为所谓重要的商品的含义并不清楚，能够减少购后失调的条件也没有被明确规定。他首先指出，产品所提供给消费者的自我形象等心理元素及它的经济特性，如成本和耐用性是其重要性的决定因素。他还声称失调不仅与产品的重要性相关，也与在同类产品中性能差异、对产品实际表现很难基于现有信息作出判断及市场上替代产品的数量有关。因此，他拓宽了对便利品、选购品和专卖品的定义，把产品可能会产生的失调因素纳入考虑范围。然而推川悠里（Oshikawa，1969）则批评了认知失调理论在消费者行为研究中的适用性，声称没有足够的证据表明消费者在购后对产品信息的兴趣是为了努力减少购后失调。

亨特（1970）从营销研究人员角度指出认知失调理论的丰富成果。为了阐明该理论的决策导向意义，他研究了不同的购后沟通方法（信件和电话）对减少失调、增加未来购买可能性的效用性。研究结果是信件沟通达到了理论预测的结果（减少了失调、改善了的购买态度、增加了购买的可能性），但电话沟通却产生了相反的结果。

卡明斯和文卡泰桑（Cummings & Venkatesan，1976）则对 23 篇关于消费者行为认知失调的研究进行综述，得出一些有关实证和概念上的局限性。首先，他们质疑的是采用不恰当方法测量失调程度，认为通过询问受访者在购后担忧程度并使用这些信息来测量失调程度会引起人们对结果合理性的怀疑；其次，他们质疑在大多数研究中是否都存在激发失调的所有必要条件（如决策应该是自愿的、是不可撤销、是重要的）；再次，他们批评这些研究只允许一种类型的认知失调方法，尽管不同的学科可以通过不同的方法来减少失调；最后，他们认为把与理论一致的相关性证据作为支持失调理论的因果证据是错误的。然而，在他们的总体评估中，支持在消费者行为的语境中应用认知失调理论的还是要比反对应用它的多得多。

此外，孔索莱等（Connole et al.，1977）的研究认为消费者失调行为文献缺乏对个体在产品扩散不同阶段所经历失调的分析，创新者（首先尝试新推出的产品的人）会比那些非创新者（不会很快尝试新产品的人）更多地搜寻强化他们的选择的一致性信息；这个研究发现的营销意义是企业如果拥有一群对产品满意的早期客户群，如果想要他们的产品扩散到其他买家群体，营销人员就应该开发减少创新者认知失调体验的战略。

科尔加恩斯和莫棋斯（Korgaonkar & Moschis，1982）进一步研究了产品涉入度如何影响购后评价，他们发现在购买高涉入产品的情况下，购买前期望越高就会产生越有利的评价。因此，他们建议营销人员针对高涉入产品设计能唤起高期望的促销组合，来减少消费者购后失调。

（二）重新审视认知失调的概念

认知失调被引入市场营销学之后，这个理论曾经有过曲折的发展历史。认知失调理论在20世纪六七十年代的消费者行为领域得到了广泛的研究（Koller & Salzberger，2012），但自20世纪70年代中期以来，学者对这一理论的兴趣大幅下降，满意度和忠诚度等其他一些概念代替了认知失调被用来解释购买后现象（Koller & Salzberger，2007）。然而，20世纪90年代末，人们对失调的兴趣又重新上升,并一直持续至今。卡明斯和文卡泰桑（Cummings & Venkatesan，1976）在他们的综述中总结道，“在消费者行为学的文献里支持认知失调理论的证据看起来很好”，“该理论对消费者行为的影响仍然很强大，因此不应该被忽视”。

1. 将认知失调延伸到购前阶段

最初的文献认为认知失调只是购后现象，后来一些学者（Bawa & Kansal，2008；Koller & Salzberger，2007）认为，认知失调可以延伸到购买前情境。例如，科勒尔和萨尔茨堡（Koller & Salzberger，2007）研究了发生在旅游消费实施前的预定决策阶段、决策之后、旅行中、旅行结束后的纵向背景下的认知失调。他们的结论是，认知失调的测量在决策和购买过程的所有阶段都是会存在的。应该考虑在“阿尔法”（Alpha）或决策前阶段，消费者关心的是买还是不买的问题，他们面临从一组相互吸引的备选中选择一个的艰难抉择，因此，在决策前就发生认知冲突（Soutar & Sweeney，2003）。一旦作出了不可撤销的购买决定“贝塔”（beta）阶段，消费者倾向于关注被放弃选项的积极属性和被选上的不好的特征，迫使他们重新考虑购买决策。接下来在“伽马”（gamma）阶段（即在购买决定之后，在使用购买之前），消费者又开始担心产品表现是否会符合预期。最后，在“德尔塔”（delta）阶段，消费者又开始担忧产品当前和未来性能。

2. 认知失调和其他心理构念的概念重叠

在市场营销和心理学文献中，认知失调常常与焦虑、怀疑、不确定及不适感等概念相关。认知失调理论的其他发展是自我在认知失调中的角色，认知失调被认为是后悔理论的同义（Sweeney et al.，2000），后悔理论认为购买决策是由某个特定选择导致预期的结果所决定的，当消费者意识到另一种选择可能会导致更好的结果时就会感到后悔。这两个理论相似点在于当考虑不同的选择时，它们的焦点都集中在与满意度相关的问题上。它们的区别在于认知失调理论中的满意度可能发生在购买前和购买后阶段，而后悔理论强调的满意度发生在购买后阶段。

认知失调理论也受到了来自诸如归因理论、印象管理理论和自我知觉理论的竞争性解释的挑战。例如，归因理论在20世纪90年代在服务营销文献中的应用已经超越了认知失调理论。在自我知觉理论方面，消费者会通过搜寻支持信息来选择性感知，或通过歪曲不一致或不愉快的事实来减少失调（O'Neill & Palmer，2004）。

3. 认知失调和不满意

认知失调和不满经常被交替使用，因为它们有一些相似之处。例如，两个概念都包括认知和情感成分。然而，失调和不满是两种概念上截然不同的心理构念，因为不满是在比较已知的表现和期望的基础上进行评价的，而失调是关于未知的结果。人们只有清楚地界定失调与不满之间的概念上的差异，才能增进对认知失调现象的理解。

满意或不满意包括顾客期望与产品表现之间的感知差异，如果产品不能满足消费者的期望，可能会出现不满情绪，从而导致认知失调。这种观念似乎表明，满意的判断取决于消费者的失调。奥利弗（Oliver，1997）认为当人们一直在考虑着没有被选中的选项有关联时，这种持续失调感觉的确可能就会导致不满意。根据这一观点，斯威尼等（Sweeney et al.，1996）认为失调应该被视为满意度的前置变量。

萨尔茨堡和科勒尔（Salzberger & Koller，2010）提出了一个稍微不同的看法，认为认知失调和满意或不满意是互补的构念，他们勾画出消费者购后阶段心理状态的不同维度，从而支配着不同的行为。他们的纵向研究发现，满意度对忠诚度有影响（未来的购买意向和口碑传播），而认知失调有助于解释消费者的抱怨行为，萨尔茨堡（Salzberger）认为，由于测量认知失调的实际困难，缺乏纵向研究认知失调对购后结果（如满意度和忠诚度）的影响。

二、认知失调的测量及细分

（一）认知失调测量

与认知失调有关的概念化和测量问题在心理学和营销文献中也得到了广泛的讨论。认知失调产生的三个重要条件是：购买的决定必须重要、购买决定不可撤销、自愿性购买。消费者在选购任务中通常有一个以上的选择，每个选项都有不同的类型和属性层次，最终的决定是基于消费者放弃某个属性中少的部分，选择多的部分的意愿（欲望程度、功能性、潜在的效价结果），这就会产生认知失调。斯威尼等（Sweeney et al.，2000）指出，认知失调是一个难以捕捉的构念；对概念的界定和开发可操作的量表将是非常有益的。一些学者将认知失调概念化为类似于焦虑、不安或后悔。尽管认知失调理论中带有“认知”标签，但费斯廷格（Festinger，1957）认为“失调是一件极其痛苦和无法忍受的事情”，似乎表明失调包含了认知和情感因素。

埃利奥特和德维纳（Elliott & Devine，1994）认为，在特定的选择过程中，心理不适中的情感体验是与情境的认知评估有关；认知和情感成分是相互交织的。关于失调的测量问题，奥利弗（Oliver，1997）认为有必要开发一种合适的认知失调量表用于消费者研究。斯威尼等（Sweeney et al.，2000）填补了这一空白，他们构建了一个多维量表用来测量认知失调，解决一些重要的管理问题（如是否所有的消费者都经历了失调、是否所有的消费者都以同样的方式经历失调）。他们首先指出，由于失调构念具有认知和情感两方面，它的测量应该反映这两个领域。他们通过 4 个焦点访谈产生了初始 100 个测量项。随后，由 12 位消费者行为专家对测项进行内容分析，结果保留了 36 个测量认知和情感维度的测项。为了评估量表的心理测量特性，他们从两个不同的样本中收集数据，并进行了探索性和验证性因子分析。结果支持构念的多维性质，最终量表有 22 个测项，包括情感（15 个题项），购买的明智性（4 个题项），以及交易的担忧（3 个题项）。情感维度代表了购买决策后的心理不适；购买的明智性维度表现为对购买的必要性或选择的适当性所产生的认知上的不适；对交易的担忧反映的是一个人购后意识到自己也许是受到销售人员的影响违背了自己的信念。

（二）认知失调的细分

苏塔和斯威尼（Soutar & Sweeney，2003）进一步研究了不同层次和不同类型的失调细分的存在。他们使用了斯威尼等（Sweeney et al.，2000）所开发的量表，并将其应用于两个不同的客户群体，他们发现至少在消费品市场上有三个认知失调的细分组："高失调""低失调""购买必要性担忧"。他们的研究首先表明，有很高百分比的消费者（在被调研的两类产品中分别有 27% 和 40% 的消费者）经历了高度失调或者是低度失调。年轻顾客因为涉入度更高，期望水平也更高，被发现更有可能经历高失调。因此，他们认为如何处理客户不同层次的失调应该是管理者关心的一个重要问题。

三、认知失调的研究现状

在市场营销文献中，认知失调研究出现在一些不同领域，包括耐用品、零售业、服务业及关系营销。研究主要聚焦于探究认知失调的前置因素、认知失调结果及如何减少认知失调三个方面。在认知失调的结果方面主要验证了认知失调与口碑传播的关系，与满意度、信任、忠诚度之间的关系及对退货和再回顾行为的影响；在探究认知失调前置因素方面，涉入度和冲动性购买等因素对认知失调的产生了影响；而减少购后失调措施的研究主要有提供购后信息、加强客户关系管理、建立强势品牌形象、建立有效的购后沟通等。

（一）认知失调的结果研究

1. 认知失调与口碑传播关系

一些学者根据认知失调理论研究了口碑现象。例如，瓦根海姆（Wangenheim，2005）运用认知失调概念解释了电信行业转换后的负面口碑。在关系营销的背景下，林德伯格·雷波和格罗路斯（Lindberg-Repo & Gronroos，1999）通过运用决策后的认知失调的概念来理解酒店服务业高涉入度背景下的购后口碑。李和龙玉（Lee & LungYu，2013）探讨了认知失调、消费价值、口碑传播和消费者预期满意度之间的关系。刘和耿（Liu & Keng，2014）探讨顾客遭受认知失调和经历了社会比较时，传播不真实的或负面真实的网络口碑意愿；当进行向下网络比较时，高认知失调顾客比低认知失调顾客更容易传播负面真实电子口碑信息；当进行向上比较时，高认知失调顾客比低认知失调顾客更容易传播非真实的电子口碑信息。威尔金斯等（Wilkins et al.，2016）研究了食品包装中的填充空气、欺骗性包装、松弛填充等包装缩小导致认知失调，以及认知失调和感知欺骗导致顾客从事负面购后行为，研究发现顾客对于包装填充的期望与购后认知失调正相关，高认知失调与重购意愿负相关、与打算进行可见的和不可见的负面购后行为（如品牌转换、告诉朋友不要购买该产品等）呈正相关。而且，低产品涉入顾客不可能进行品牌重购行为，更愿意进行可见和不可见负面行为。

2. 认知失调对满意度的影响

过去营销研究文献主要聚焦于认知失调的结果，特别是关于认知失调对顾客满意度的影响。例如，毛和奥普瓦尔（Mao & Oppewal，2010）在实验研究中，探讨了大学生择校背景下，选择不一致信息所导致认知不一致是如何影响学生满意度和感知服务质量的。萨尔茨堡和科勒（Salzberger & Koller，2010）在一项纵向研究中，探究了认知失调与满意度之间的关系，以及它们是如何影响电子产品或日用品顾客的忠诚度和抱怨行为的。科勒和萨尔茨堡（Koller & Salzberger，2009）利用定性和定量相结合的方法，研究了在旅游服务环境下决策过程中客户心理状态的历时发展。他们的纵向定量分析表明，认知失调并不会随着时间的推移而完全消失，相反，失调会对顾客满意度造成负面影响。帕克等（Park et al.，2015）研究消费者在网络市场所遭遇的售前及售后服务对其满意度及再购买意愿的影响；网络消费者感知服务表现分为两个不同阶段（服务前和服务后）而不是将服务表现作为一个整体来评估他们的满意度，服务后表现对消费者满意度的影响大于服务前表现；当存在认知失调时，消费者满意度受认知失调程度的影响，服务前、后的表现对认知失调和消费者满意度的影响不同，服务后表现对认知失调和消费者满意度的影响大于服务前表现；消费者满意与重购意愿呈正相关。

3. 认知失调对退货与重购行为的影响

另一些研究人员试图探究认知失调对与公司营收有关的结果变量的影响。例如，纳迪姆（Nadeem，2007）研究了购后不一致对重复购买行为的影响。鲍尔斯和杰克（Powers & Jack，2013）调研了情绪失调和产品失调对零售客户产品退换频率的影响，他们研究发现，情绪失调和产品失调与产品退货频率正相关。李明芳（2017）探讨情境规范对认知失调与退货意愿关系的调节作用、退货政策关注对调节作用的中介效应及产品熟悉度的再次调节效应，研究发现情境规范负向调节认知失调与退货意愿的正向关系；退货政策认可有利于弱化认知失调对退货意愿的积极作用，同时中介情境规范对二者关系的调节效应；顾客的产品熟悉度会再次调节情境规范的调节效应，当顾客对产品熟悉度高时，情境规范对认知失调与退货意愿关系的调节作用显著，反之不显著。

（二）认知失调的前置因素

在营销文献中许多过去的研究都集中在认知失调的结果上，探讨驱动失调现象的前置因素实证研究却相对较少。斯威尼和穆克帕泰（Sweeney & Mukhopadhyay，2004）是首先解释线上和线下零售环境中的认知失调现象的人，他们调查了线上、线下各种不同的失调原因；他们的研究发现价格、购买不可逆转、缺乏品牌熟悉度、涉入度和安全考量等是每个零售环境的共同前置因素；此外，他们的研究揭示了销售人员在传统实体店环境中对失调产生了重要影响，同时也揭示了用户无法控制导航、上网经验、缺乏实体接触这三个失调前置因素属于网络环境下所独有的。巴布和加拉扬尼（Babu & Gallayanee，2010）调查了年轻人冲动购买和认知失调之间的关系，他们发现高冲动特质的人相对于那些低冲动特质的人来说，在购后情境下失调程度相对较低。另一项来自于金（Kim，2011）的研究探讨了认知失调的前置变量，被试对酒店、汽车旅馆的选择决策依赖于口碑、涉入度、信任和价值等，高信任和高感知价值有助于降低认知失调的可能性。巴瓦和坎萨尔（Bawa & Kansal，2008）在他们文章中，验证了不同的服务特征（无形、通用性、异质性、不可分离性和易逝性）和服务类型（享乐主义，功利主义，信任和体验）是如何影响认知失调的；提出了一些降低认知失调的策略，如恭维消费者的智慧，提供强有力的质保，增加服务的数量和有效性，并提供详细、正确的使用说明书。

另一些学者专注于涉入度与认知失调之间的关系。他们普遍认为，相比较低涉入度购买，认知失调更适用于高涉入度购买。例如，乔治和爱德华（George & Edward，2009）研究了购买决策的涉入度对减少失调所需要的购买行为信息的影响，他们发现，与低涉入度购买相比，认知失调的程度与高涉入度购买行为更密切相关。类似的，科尔加恩斯和莫棋斯（Korgaonkar & Moschis，1982）发现产品涉入度在决策后评估中起调节变量作用，当消费者亲自参与购买决策时，就存在着认知失调。与前人的理解相反，格巴达莫西（Gbadamosi，2009）通过研究发现低收入妇女对涉入度低的食品杂货也产生了认知失调，证明了这种失调现象同样适用于低涉入度购买。奥尼尔和帕尔梅（O'Neill & Palmer，2004）探讨了产品涉入度、享乐消费倾向和冲动购买倾向对认知失调的影响，他们的研究表明，产品涉入度和冲动购买都与认知失调有显著的关系。

王（Wang，2016）运用社会线索理论探讨了产品评论与销售数量对购买率的影响，产品评论显著影响感知风险，而高评论和低销售量产生重要的认知冲突，他们研究发现产品评论要比销售数量对购买率影响更显著，产品评论正向调节销售量对购买率的影响，而这个结果印证了线索诊断理论；分析显示顾客在作出最终购买决策前通常会经历从感知风险到信息冲突再到评估分类等一系列认知过程。

（三）减少认知失调措施

对失调的研究表明，紧张的心理状态会促使消费者减少或消除潜在的不一致性，从而维持一种和谐的状态，消费者的心理不适感越强烈，就越倾向于通过改变认知因素来减少失调。认知失调与消费者行为的相关性在于消费者在作出选择后采取的策略，包括态度的改变、选择性的信息搜索、口碑传播和发表评论。例如，消费者为了证明自己作出决策的正确性，会更积极地评估所选择物品，淡化未选择物品的积极属性（Koller & Salzberger，2012）。

克拉克和达斯（Clark & Das，2009）基于情景实验法，通过实施网络客户关系管理和有效的网站设计，探讨降低消费者购后认知失调的潜在途径。研究发现在实验条件下高失调的受试者在浏览网站后，其失调水平与低失调的受试者一样低。这显示出了网络客户关系管理元素在减少认知失调方面的重要作用，而减少认知失调反过来又会对满意度产生积极的影响。

权和列侬（Kwon & Lennon，2009）运用两个实验研究来探讨多渠道离线和在线品牌形象之间的相互作用及机制。他们研究了顾客在遭受之前曾经有着良好的线下品牌信仰和态度的零售商线上糟糕的表现后是如何经历认知失调的。该研究进一步揭示，当品牌出现在线的负面表现时，强势的线下品牌形象往往会降低线上糟糕表现对线下品牌信念的影响，这成为减少认知失调一种方法。

杨等（Yang et al.，2013）的研究考察了在认知失调框架下，消费者决定从线下渠道转移到线上渠道的动机，该研究假定当消费者在离线环境中体验到心理不适时，他们可能会通过迁徙到在线渠道来减少这种失调。他们的研究证实了用整合品牌延伸和期望确认理论来解释在线渠道采纳和评估行为的有用性。

梁（Liang，2014）通过实验法检验了消费者购后选择在线评论时，通过以下两种搜寻外部支持信息来减轻认知失调：①寻找支持最初选择的信息（表达意气相投的偏见）；②找到与当初决定相矛盾的弱信息来反驳那个信息。

张和郑（Chang & Tseng，2014）探讨了有效的购后沟通（从沟通力度和沟通数量方面）是否能减少冲动购买者购后失调，他们的研究发现当沟通力度加强时，增加购后沟通的数量对于满意度有很强的正效应影响，这种影响对不易后悔的顾客不明显，对容易后悔顾客影响相对明显。

郑（Tseng，2017）探索了在避免高不确定性的情境下通过向有后悔倾向的顾客提供购后信息是否能减少顾客认知失调，结果显示购后失调在顾客后悔倾向和电子购物满意度间起完全中介作用，验证了卖家评级有效地提升了有后悔倾向顾客的电子购物满意度。

由此研究发现在线支付后遭受失调的顾客中拥有在线社会经历比没有在线社会经历的更能够减少失调，提高满意度和重复购买意愿，降低抱怨意愿；另外，顾客人际信任和易于受人际信息影响对在线社会经历正向效应起调节作用；具有高的算计控制欲望和低的计算机媒介沟通忧虑的顾客偏好虚拟社交，而具有低算计控制欲望和高的计算机媒介沟通忧虑的顾客偏好间接社交，虚拟社交和间接社交对具有高算计控制欲望和高计算机媒介沟通忧虑的顾客和对具有低算计控制欲望和低计算机媒介沟通忧虑的顾客没有显著性差异。

以上研究已经让人初步了解了有关认知失调的前因和后果，以及对诸如忠诚、满意度、购买意愿和在线口碑等构念的影响。尽管过去认知失调的研究在费斯廷格的早期理论的基础上取得了重大进展，但这些研究的范围似乎相当分散，特别是在线购物领域，人们相信一个更完整的理论框架将有助于全面理解消费者在线购物失调的前因和后果（Yap & Gaur，2014）。由于缺乏实物接触、隐私和安全担忧等问题，在线购买决策过程可能会更加复杂。此外，由于网络购物的多重服务性，顾客受到来自在线零售商、平台及快递公司等不同层次的在线服务，会使他们购物体验认知不一致。因此，需要进一步研究探讨消费者是如何在网络空间的不同消费阶段作出决策的。

针对认知失调的未来研究和关键命题的议程，仍然存在着研究缝隙，存在很多有待开发、有趣的研究领域。这些领域可能包括以下 6 种。

（1）在网络环境中，认知失调的体验和类型与传统的线下背景是不同的。在线购物不同于离线购物，消费者被迫依赖于有限的产品陈述。他们不能用五种感官来亲身体验产品，只能根据提供的电子信息作出决定，如图片、视频剪辑和产品的书面描述等。鉴于线上与线下业务之间的环境截然不同，不应想当然地认为线下失调这种现象也适用于在线购买决策。由于与失调有关的情绪可能会对消费者态度和他们未来的购买决策产生负面影响，因此，线上环境可能会比线下环境引起更大的失调，反之亦然。了解在线消费者如何体验失调是营销人员在快速增长和竞争激烈的虚拟市场中需要重视的。认知失调可能对在线消费者行为有更重要的影响。未来研究的一个可行方向是确定在线与离线环境相比，失调的体验在多大程度上是不同的，还需要一种探索性的方法来评估这种差别效应的心理机制。此外，尽管有几位学者在传统实体商店考察了整个购买决策过程的失调概念，但关于在网络空间的决策和购买的不同阶段所发生的失调类型的问题有待进一步调查。

（2）在线认知失调的测量。网上购物中的认知失调测量与其他心理构念的测量是不同的（如焦虑、后悔等）。认知失调的概念在各种各样的研究中被讨论和测试，然而从实证角度致力于开发一个全面的测量量表的研究较少。事实上，认知失调已经被一些研究人员任意选取，用来测量一些相关的却又不完全相同的构念（如焦虑，后悔）等，这可能导致文献中出现被包含的结论。线上和线下消费者行为之间的差异确定了线上顾客失调是一个不同的概念。因此，进一步开发在线消费者心理失调的测量方法是非常有前途的。

（3）认知失调和其他购后构念。在网上购物环境下的认知失调会对其他购买后的构念，如消费者满意度和忠诚度产生负面影响。斯威尼（Sweeney，2000）主张应该进一步描述失调的概念，他们还呼吁进一步研究认知失调和其他购后构念之间的关系，如消费者满意度、忠诚度和归因等。

（4）认知失调的综合理论框架。一旦关于缺乏构建合适认知失调构念的测量工具的问题被克服了，下一个问题就是搭建一个整合的理论框架，在此基础上可以进一步构建在线消费者失调的概念。一种可能的方法是将不同学科的相关文献整合统一的理论框架，如未来的研究可能会考虑借鉴经济学的网络外部性概念概念，这被认为有助于解释在线消费者的失调现象。网络外部性概念源自莱宾斯坦（Leibenstein，1950）所开发的“从众效应”，它指的是个人效用获取是随着用户数量的增加和提供的互补产品数量的增加而变化的。人们感知价值的增加与对网上购买者的数量和在线服务互补性的良好感知有关，这也可能会对消费者的失调产生影响。这种整体性的方法可以使不同的学科相互融合，使发散的思维整合并有助于对失调的构念产生更深入的理解。

（5）减少认知失调的策略。尽管在心理学和消费者研究领域中都在讨论和研究减少认知失调策略，但与网络环境相关的具体问题仍值得进一步关注。例如，网络营销人员如何解决失调问题？网络营销人员采取了哪些措施减少认知失调？为了帮助在线营销人员评估在不同的情况下减少失调策略所带来的潜在价值，未来的研究可以探讨影响在线消费者认知失调的前置因素在多大程度上取决于顾客变量（如个性、人口学特征）、中间商特征（如声誉、交易安全、可靠性）和产品特性（如有形性、复杂性、感知利益）。

（6）计划性与非计划的在线购买。与实体店购物受到时间和距离等物理因素的限制相比，网上购物的便利性让消费者可以随时随地购物，因此可能增加了意外购买的机会。未来以研究和比较认知失调对计划性和非计划性在线购买的影响。

第四节　消费者伦理与伦理意识

一、消费者伦理概念及测量

（一）消费者伦理概念

关于什么是伦理并没有一个统一的、普遍被接受的定义，亨德森（Henderson，1982）首次将伦理描述为一套用以描述和解释什么是好、坏、对、错的行为准则。亨德森承认这一定义是静态的，因为它假定在伦理原则方面存在共识，而实际上并没有。莱西（Lacey，1996）将伦理定义为人们应该如何基于道德原则和基于正义、公平和信任的理念来行事，同样这一定义也是基于人们就如何行动达成共识的假设上。鲍尔斯和沃格尔（Powers & Vogel，1980）伦理的定义反映了道德原则在社会、文化和时间上的演变不一定受到需要达成共识的约束，他们更详细地描述揭示了伦理学关注于阐明构成人类福祉及促进人类福祉所必需的行为的。弗里切（Fritzsche，1989）将伦理定义为对道德的本质和基础的探究，其中道德意味着道德判断、标准和行为规则。

关于什么是消费者伦理同样也很难有确切的定义。因为对“合乎伦理”的评价取决于个人所属的社会对什么是道德上可接受的行为的看法。目前广泛被引用的是曼西和维泰洛（Muncy & Vitell，1992）的定义，“消费者伦理是用以指导个人（或群体）在选择、购买、使用或销售商品或服务等行为时的道德规则、原则和标准”。

关于非伦理的消费者行为的定义，米切尔（Mitchell,2009）将它定义为“消费者直接或间接导致组织或其他消费者金钱或声誉损失的行为”。早期关于消费者非伦理行为研究最多的领域是消费者店内行窃行为，后来延伸到其他一些领域，包括盗版软件的使用和光盘的复制、未经授权的音乐下载、保险欺诈、逃税、造假及商店多找零钱等行为，甚至研究过消费者节能伦理这样的主题。

（二）消费者伦理的维度及测量

在20世纪90年代早期，伦理问题受到了研究人员的广泛关注。维泰洛和曼西（Vitell & Muncy，1992）发现大多数研究是关于企业伦理问题的，缺乏对买方的关注，并注意到涉及消费者伦理的研究非常有限，只有少数的研究对消费者的伦理判断进行了实证研究。因此，他们开发了一个消费者伦理量表，发现消费者对不同的伦理问题、伦理情况有不同的反应。此外，他们还发现了与这些伦理问题、情况有关的四个不同的维度，即主动受益于非法活动、被动受益于卖方的费用、主动受益于存疑的但一般是合法的做法和无伤害的活动。第一个维度(主动受益于非法活动)表示消费者积极参与的行为，以牺牲卖方的利益为代价获取利益，换句话说，消费者有意识地作出了伤害卖方的决定（如改变商店商品的价格标签）。第二个维度（被动受益于卖方的费用）包括消费者被动受益于卖方的错误（如商店店员多找零钱，却装着什么也不说），在这里消费者并不是故意去获益，而是意外获益；与第一个维度相比，消费者更有可能认为第二个维度中的行为是可接受的。第三个维度（主动受益于存疑的但一般是合法的做法）包括消费者主动参与有问题但不一定是非法活动的行为（如消费者没有购买商品情况下使用优惠券）。第四个维度（无伤害的活动）是那些不会对任何人造成直接伤害的行为（如从朋友那里拷贝 DVD 而不是购买），这些行为可能确实造成伤害，但很多人并不认为造成了伤害；如果消费者认为这些行为是错误的，人们可能会说他们是有道德的消费倾向，而不是不道德的倾向。总体而言，该量表在后续研究中得到了广泛应用。

维泰洛和曼西（Vitell & Muncy，2005）在原来四个维度基础上又增加了三个新的维度。新增的维度包括：①下载或购买假货，用以测量消费者对购买赝品或盗版产品的看法；②回收和环保意识，测量消费者对参与环保活动的认知；③做正确的事，测量消费者对他人友善和诚实的感知。第一个维度和上文的四个维度测量的是对负面情境的认可程度，而最后两个维度是测量对正面情境的认可程度。

二、伦理意识的概念与测量

（一）伦理意识的概念

对于什么是伦理意识，田维琳（2019）将伦理意识定义为一定社会团体中的成员对于该行为规范或伦理的内在综合认知。国外文献很少直接下定义，施伦克尔和福塞斯（Schlenker & Forsyth，1977）曾论述伦理意识是指个体在作出伦理决策的方法上的差异，伦理意识有两个维度：理想主义和相对主义。伦理理想主义是指人们相信通过实施伦理上正确的行为总能获得理想结果的程度，而伦理相对主义是指人们在作出伦理决策时拒绝普遍的伦理规则的程度（Forsyth，1980）。高度理想主义的消费者把他们的道德观念建立在利他主义和关心他人福利的基础上，他们相信核心道德问题本身所固有的对与错，认为伤害他人总是可以避免的（Forsyth，1980，1992）。相反，相对主义程度高的个体则信奉个人道德标准，拒绝普遍的道德原则（Forsyth，1980），他们的伦理思想建立在怀疑论的基础上，认为伦理决策应该取决于所涉及的具体情况或个人，或者取决于潜在的利益和危害之间的权衡（Forsyth，1992；Hunt & Vitell，1986）。

（二）消费者的伦理判断

消费者的伦理判断是一个人对于自己的某种选择决定是否合乎伦理的程度判断。在市场营销和商业伦理领域，至少有三种主要的、全面的决策过程理论模型：伦理决策整合模型（Ferrell & Gresham，1989）；亨特－维特尔模型（Hunt & Vitell，1986）；个人—场景互动模型（Trevino，1986）。其中亨特－维特尔模型是唯一应用于消费者个人行为的模型，是测试涉及消费者伦理问题最合适的理论模型（Vitell，2003）。正如亨特－维特尔模型所描述的那样，个体决策时先是感知到某一情况下的道德问题，然后是对各种可能解决问题的替代方案的感知。一旦消费者确定了某个可感知的方案或行为过程，就会发生两种主要的伦理评价：道义性评价和目的性评价。道义性评价侧重于消费者的具体行为，而目的性评价则侧重于这些行为的后果。在道义性评价中，个体试图评估各种行为或选择的内在对错性，包括将各种可感知的选择与自己已建立的代表个人价值的道义性规范进行比较，这些规范包括一般的信念及特定情况下的信念。在目的性论评价中，消费者评估的关键是这个决定所产生的好坏程度，如果该决定带来了比任何其他选择更好的结果，那么这个特定的行为（或选择）就被认为是最合乎伦理的；目的性评价包含 4 个主要的构念：①感知每种选择对不同的利益相关群体所产生的后果；②对每个利益相关群体所产生的后果的概率；③每种后果的可取性或不可取性；④每个利益相关群体的重要性。当一个人的目的性评价受到这些构念的影响时，该模型假设没有专门的信息处理规则，然而，这种目的性评价的整体产出将是个体对每种可能的选择产生的相对好坏的信念。

在大多数情况下，消费者的伦理判断被认为是受道义性和目的性评价共同作用的，这种看法也得到了实证结果的支持。伦理判断通过意愿构念来决定行为，但伦理判断可能与意愿有所不同，因为一个人的目的性评价也会直接影响意愿。也就是说，在检验了与特定的选择相关的后果和道义规范之后，个体消费者也许会认为它是最合乎伦理的，但是个人可能仍然打算采纳另一种不同的选择，因为可以从中产生一些非常令人满意的结果。此外，行为控制构念也会导致行为与意愿和伦理判断的不一致，这一因素在亨特－维特尔模型的原始版本中被称为“情境约束”，是决策者无法控制的外部因素（如机会）在多大程度上影响行为。

在消费者选择了一种行为之后，会对该行为产生的实际后果进行评估。这些结果与最初预期的结果相比会提供对个人经验的反馈。如前所述，亨特－维特尔模型包含几个影响整个决策过程的不同背景因素。然而，只有个体特征和文化环境与消费者伦理有关。个体特征构念包括许多可能的维度，如科尔伯格（Kohlberg，1981）提出的个人道德发展水平和个人性格。另外，文化环境，包括主流文化和任何亚文化都可能影响消费者伦理选择。

（三）消费者伦理意识的维度及测量

对于消费者伦理判断后的选择行为，福塞斯（Forsyth，1980）运用伦理立场理论（Ethics position theory），认为个体的伦理意识形态影响人们在不同情况下的道德判断和行动。福塞斯综合了三个理论流派（目的论、义务论和伦理怀疑论）关于道德判断的观点，提出了一种包括理想主义和相对主义两个维度的伦理意识形态分类，来描述道德判断中的个体差异（Forsyth，1980，1985）。福塞斯根据个体在伦理意识的相对主义和伦理理想主义两个维度上的高低进行一个 2×2 分类，开发了伦理立场问卷，可以分为四种不同的个人伦理意识形态："情境主义""主观主义""绝对主义""例外主义"。分类是基于相对主义和理想主义的尺度一致性或不一致性的，有些人可能在两个尺度上都有高或低的评价（一致性），有的在一个尺度上高或低，在另一个尺度上低（不一致性）。绝对主义者是义务论者，注重保持与道德原则的一致性；例外主义者是目的论者，他们判断一个行为的道德取决于它所产生的后果；情境主义者是相对主义者，他们强调每一种情况都必须被单独考察；而主观主义者是利己主义者，从个人角度作出道德判断。伦理意识分类如表 2-3 所示。

表 2-3　伦理意识分类

分类		相对主义：高	相对主义：低
理想主义	高	情境主义（relativistic） 反对道德价值观，提倡对每一种情况下的每一个行为进行个人主义分析	绝对主义（deontological） 认为遵循普遍的道德准则总能得到最好的结果
理想主义	低	主观主义（egoistic） 基于个人价值和观点来评估，而不是基于普遍的道德原则	例外主义（utilitarian） 道德绝对性指导判断，但在实际操作中，它也允许这些标准的例外

1. 绝对主义

绝对主义是一种非相对主义的、理想主义的道德哲学。它与一种叫作义务论的个人道德哲学相一致（Forsyth，1980）。绝对主义鼓励在普遍的道德法则的基础上作出决定和道德判断，并"拒绝使用行为的后果作为道德评价的基础”（Forsyth，1980），绝对主义者是高度理想主义者，他们“努力产生积极的结果”而不违反普遍的道德法则，因为他们是低相对主义者。因为福塞斯（Forsyth，1980）指出一个人的道德意识形态决定了他（她）的道德判断，所以绝对主义者在判断不道德行为的方式上更加“严厉”。他们对他人的关心和坚持普遍的道德法则使他们效仿正义、公平和人道主义。

2. 例外主义

例外主义是一种较弱的理想主义，它更倾向于行动的结果。例外论本质上是目的论，它对于行为是否道德的认可是基于“它所产生的结果”。这种伦理立场与功利主义的道德哲学类型是一致的。例外主义者，作为低理想主义者，似乎同意普遍道德法则的必要性，但由于他们是低相对主义者，他们对他人的伤害是否可以完全避免表示怀疑（Forsyth，1992）。在道德判断方面，例外主义者在评价他人的行为时会表现出宽恕，然而，当行为违背道德标准时，例外主义者就不那么宽容了。一般来说，他们的座右铭是“为最大多数人争取最大的利益”（Barnett et al.，1998）。

3. 情境主义

情境主义是一种怀疑论道德哲学，主张应该多角度理解道德（Forsyth，1980）。作为一种伦理立场，情境主义不相信绝对的道德原则，而是认为每一种情况都必须单独审视。作为高相对主义者，情境主义者拒绝普遍的道德绝对主义，而作为高理想主义者，他们强调“对所有相关方都有利的积极结果”。虽然他们似乎拒绝普遍的道德法则，但他们保持了适当的谨慎性，使行为不伤害他人。就道德判断而言，情境主义者倾向于被结果的质量所调和。伦理违背者的结果质量越高，他（她）从情境主义者那里得到的伦理判断就越少。

4. 主观主义

主观主义也是一种对道德持怀疑态度的观点，在道德评价中提倡个人的行为和个人的观点。这一立场是基于“没有道德标准是有效的”这一假设。因此，主观主义与道德哲学中的利己主义类型是一致的。由于主观主义者是高相对主义者，他们不赞成普遍的道德法则；同时由于他们的低理想主义立场，他们对“为每个相关的人都取得积极的结果”持怀疑态度。这种伦理立场推动的是自身的利益而不是他人的利益。巴尼特等（Barnett et al.，1998）指出主观主义者很可能接受“伤害他人的行为并不总是不道德的”。在道德判断方面，主观主义者对违反道德标准但产生积极结果的人作出“有利”的反应。他们甚至可能会把这样的违反者等同于“说真话的人一样是有道德的”。一般来说，主观主义者倾向于结果而不是道德标准。

三、消费者伦理意识与非伦理行为的文献研究

消费者伦理意识对于伦理判断、伦理决策及非伦理行为的影响主要体现在伦理意识对于自我控制、内疚、伦理上存疑的行为、退货行为取向及伦理决策的不同作用上。同时也有一些文献聚焦于研究不同消费群体，如老年群体、城市出生和农村出生的群体在伦理意识上的差异。

阿尔里和利奥（Arli & Leo，2017）在线调查澳大利亚的成年消费者在自我控制与内疚倾向对消费者伦理意识与道德决策关系中的中介作用。研究结果表明，理想主义是内疚倾向和自我控制的决定因素，而相对主义的人更不容易内疚，也更难以控制自己的行为。此外，自我控制和不道德的消费者行为之间存在显著的负相关。最后，自我控制和内疚感倾向对伦理意识与消费者行为之间的关系具有间接中介作用。

斯瓦伊丹等（Swaidan et al.，2004）使用福塞斯伦理倾向量表（EPQ）和曼西－维泰洛顾客伦理问卷（Muncy-Vitell MVQ）对非洲裔美国消费者的伦

理意识和伦理信仰进行了调查。研究结果表明，在理想主义量表上得分较高而在相对主义量表上得分较低的消费者更有可能拒绝有伦理问题的活动，女性比男性更愿意拒绝伦理有问题的活动。

恩杜比斯等（Ndubisi et al.，2014）通过对亚洲一家赌博机构的顾客进行实地调查，探讨伦理意识与赌博投入之间的关系，以及感知赌博价值的调节作用。结果显示，伦理意识与赌博价值知觉对赌博投入有显著的差异。具体来说，理想主义与赌博年数和赌博金额呈负相关。相对主义与赌博年数和赌博金额呈正相关。顾客价值负向调节理想主义与投入两个维度的关系，正向调节相对主义与投入两个维度的关系。此外，理想主义对感知赌博价值有负面影响，而相对主义对感知赌博价值有正面影响。

科等（Ko et al.，2019）以企业采购职能中的经理—采购代理人关系为研究对象，探讨了经理的伦理型领导对采购代理人的不道德行为的影响和采购代理人的伦理意识在这种关系中的调节作用。结果表明，当采购代理人的理想主义或相对主义水平较高时，伦理型领导对不道德行为的负面影响会增强；当采购代理人同时具有较高的理想主义和相对主义水平时，伦理领导对采购代理的不道德行为具有最强的负面影响。

乔杜里（Chowdhury，2017）以 450 名美国消费者为样本，研究了不同道德基础和不同消费者伦理维度之间的关系。研究结果显示，理想主义与消费者道德信念之间的关系是由不同的道德基础所调节的。因此，不同的道德基础可以解释个人变量对消费者伦理的影响。

肖姆等（Shoham et al.，2008）试图评估消费者道德和他们的盗版态度对盗版行为的影响。研究发现，对盗版的态度对消费者伦理道德对实际盗版的影响起了部分的中介作用；高的道德公平和相对主义的感知可以减少软件盗版和非法拷贝音乐行为。

赵和徐（Zhao & Xu，2013）探讨了消费者出生地（农村和城市）与消费者不道德行为之间的关系。研究发现那些农村出生的新城市居民比世代城市居民的行为更加伦理（无伤害或无犯规），理想主义伦理意识是影响农村亚文化成员不道德行为的主要变量，而马基雅维利主义则是影响城市亚文化成员不道德行为的主要变量。

帕丽哈瓦达纳等（Palihawadana et al.，2016）调查了越南消费者对企业社会责任的感知，以及企业社会责任在消费者伦理意识和对公司产品的评价之间起到的作用。实证研究表明，消费者对企业社会责任的感知存在经济、伦理、哲学和法律四个维度。不同的伦理意识对消费者的企业社会责任感知有不同的影响：理想主义积极地影响这些感知，而利己主义的影响是消极的。此外，企业社会责任的感知充分调节了伦理意识与产品评价之间的关系。

瓦赫特和维泰洛（Wachter & Vitell，2012）探讨顾客对退货行为的伦理取向，研究发现与消费者退货行为相关的三个维度：有计划、不道德的退货者，渴望退货者，不情愿的、受过教育的退货者。实证发现那些以伦理退货为导向的（不情愿的、受过教育的）退货者表现出一种理想主义哲学，而那些以非伦理退货为导向的（有计划的、不道德的）退货者表现出一种相对主义哲学。

鲁（Lu，2010）探讨印度尼西亚消费者的伦理观点对消费者行为的影响。研究发现某些个人态度显然会影响印尼消费者的道德判断，对于积极从非法行为中获益表现出高伦理忧虑的印度尼西亚消费者，其物质主义和理想主义水平较高，相对主义水平较低；物质主义、理想主义和相对主义对积极参与某些伦理有问题的活动有显著性影响。分析结果表明，具有高度物质主义和相对主义的印尼人更有可能从事有伦理问题但合法的行动。

赵宝春（2008）的研究发现，理想主义、相对主义伦理意识和权术主义显著影响中国消费者的伦理决策，但伦理意识的影响程度与情境因素密切相关，而权术主义的影响则不受情境因素影响。

维泰洛和拉瓦斯（Vitell & Rawwas，1991）采用伦理立场问卷（ethics Position Questionnaire）调查美国老年消费者对各种消费行为的伦理信念，以及老年消费者的伦理意识，发现老年消费者通常比年轻消费者更有道德性，但在伦理信念方面却相当多样化。既包括马基雅维利主义者，也包括非马基雅维利主义者。他们对特定的消费者行为有着非常不同的看法。在他们的道德意识形态方面，最大受访者群体（30.9%）是“绝对主义者”，即那些严格遵守道德绝对和规范的人。第二大受访者群体（28.7%）是“情境主义者”，他们虽然拒绝道德准则，但却通过情境的后果和结果来判断情境的伦理。只有“主观主义者”（20.6%）有道德问题，因为这些消费者不仅拒绝道德规范，而且将他们的道德判断建立在个人情感上。“例外主义者”占样本的19.8%，这些人相信符合道德规则，但他们进一步相信在某些特殊情况下，例外是被允许的。

第五节 本章小结

本章在结合研究主题的基础上从消费者退货行为、心理契约违背、认知失调及消费者伦理与伦理意识这四个方面对相关的理论基础、文献研究进行了回顾和综述，梳理了以往文献研究脉络、理论发展贡献、研究现状及研究问题和未来研究的空间等，为丰富本书主题提供了文献支撑和理论基础。

现有的研究述评及存在的研究机会有以下几种。

（1）关于产品退货的研究。现有文献分别从一般产品退货行为和顾客非伦理退货行为两个视角来单独进行研究。研究的主题主要涉及退货原因、退货政策、退货意愿、退货行为、退货管理、退货服务质量等。与退货政策相关的研究主要有退货政策宽松度对于顾客感知质量、感知风险、感知公平性、信任及顾客购买意愿、退货倾向、溢价支付意愿、后续购买行为等影响；与顾客退货意愿相关的研究概念主要有认知失调、情境规范、社会规范、自我利益、促销框架、机会主义、欺诈性退货倾向、感知损失、感知所有权等；与顾客退货行为相关的研究构念主要有合理性退货行为、机会主义退货行为、冲动购买、欺诈性退货倾向等；与退货服务管理相关的研究构念有退货管理信息系统、企业灵活性、企业适应性、退货处理、服务修复质量、退货服务质量、物流服务等。从文献回顾的角度来看，对于网购退货缺乏系统全面的研究，特别是缺乏质的研究。

（2）关于心理契约违背理论及文献综述。目前关于心理契约违背的研究主要探讨心理契约违背对供应商和买方的关系影响，对感知公平性、对信任关系、对忠诚关系的影响。另外，研究主要是就营销情境中的心理契约违背量表的开发研究，而对于网购中心理契约违背的维度和量表开发研究不足，目前的文献多是套用组织学领域交易型和关系型心理契约违背两个维度，量表的开发也多以传统服务行业为背景，网购退货情境下顾客心理契约违背维度和量表开发则是有待重点研究领域。

（3）在线购物中的认知失调研究。虽然过去人们沿用费斯廷格的理论做了大量丰富的研究，但认知失调理论却在营销领域经过了一段曲折的研究历史，被一些如满意度、后悔等构念所代替，然后，随着长期困扰研究人员的认知失调测量问题和量表开发得到解决，以及电子商务的出现为认知失调理论开辟了新的研究空间，越来越多的学术研究又重拾对认知失调理论的热情，用它来解释各种网络情境中的现象问题。不同于传统实体店购物环境，网络购物属于一种虚拟的、远距离交易，消费者会由于缺乏实物接触、隐私和安全担忧等问题，在线购买决策过程可能会更加复杂，经历的购后失调可能更为普遍。而对于消费者网购购后失调与退货关系也是值得进行探索的主题。

（4）关于消费者伦理意识相关研究主要回顾了消费者伦理及测量、消费者伦理判断、伦理意识和维度、消费者伦理意识与非伦理行为的国内外研究现状等，消费者网购退货中存在的非伦理行为值得进一步研究。

第三章　消费者网购退货行为取向研究

消费者对退货行为的感知、态度和反应可能会因个性特征、伦理信念和道德哲学原因有所不同。一些消费者可能会滥用零售商的退货政策，甚至有可能会作出欺诈性的退货行为；而另一些消费者可能只有正当的原因（如产品有缺陷）才会选择退货；有些人甚至认为退货是一种不可接受的行为。

罗森鲍姆和比特纳·奥尔森（Rosenbaum & Bitner-Olson，1999）曾经就消费者退货行为取向进行了一项调查，用以评估消费者对退货的各种态度、道德和行为。他们的研究结果显示了五种退货行为类型：游戏型（sport）、不道德型（unethical）、道德型（ethical）、经典型（classic）和受过教育型（educated）。游戏型退货行为的特点是他们把退货视为乐趣、挑战和机遇；不道德型退货行为特点是当被问及退货的原因时，他们通常不愿透露退货的真正原因；经典型退货行为的特点是这类人通常会退回他们收到的作为礼物的商品，或者是为了某个节日或季节性活动而购买的商品；道德型退货者认为商店退货政策过于宽松，是一种特权，他们认为这些政策不应该被滥用；受过教育型退货者在购买前就熟知商店的退货政策，在进行退货时，他们会感到与这笔交易有关的一些内疚感。然而，罗森鲍姆和比特纳·奥尔森的研究缺乏科学性实证文献的支持。瓦赫特等在罗森鲍姆的研究基础上从伦理角度探讨了顾客退货行为取向，并开发了一个退货行为取向测量量表，40个测量题项涉及零售商退货政策、消费者对这些政策的滥用及与道德相关的退货行为等，通过因子分析方法确定了消费者退货行为取向的三个维度：计划或不道德的退货者（the planned/unethical returner），急于退货者（the eager returner），以及不情愿或受过教育的退货者（the reluctant/educated returner）

（Wachter，et al.，2012）。该测量量表因为采用的是美国某个大学的学生样本进行测试而受到质疑，也没有得到后续运用该量表进一步实证的文献支持，外部效度有待确认。

除此之外，关于消费者退货行为取向的研究文献少之又少，不仅如此，学术界对于消费者退货行为的关注和研究也是比较缓慢的。现有的文献研究要么调查一般的实体店退货行为（Jiang & Rosenbloom，2005；Petersen & Kumar，2009），要么以狭隘的方式调查传统实体店的不道德的退货行为，如商品借贷（Schmidtet al，1999；King & Dennis，2006）。对消费者退货行为研究很少，特别是对电子商务中的退货行为缺乏系统综合的调查研究。

第一节　网购退货行为取向探索性研究

一、研究设计

本书首先收集电子商务平台中的关于消费者退货意愿的在线评论资料和淘宝网卖家社区关于顾客退货行为讨论信息，然后在资料分析基础上对网络买家和卖家进行关于退货行为的深度访谈，形成访谈资料，运用经典的扎根理论研究方法来全面分析消费者网购退货行为取向。

扎根理论是一种质性研究方法，格拉泽和施特劳斯（Glaser & Strauss，1967）在他们里程碑式的著作《扎根理论的发现》中首次阐述扎根理论设计，指出扎根理论方法依赖于用从调研对象那里收集的数据来确定哪些数据具有分析价值、值得进一步研究，强调扎根理论的“数据的联合收集、编码和分析是基础操作”，如果这三种行动不能同时进行，就会妨碍理论的产生。他们描述了用于系统生成理论的持续比较的四个阶段：比较应用于每个范畴的事件、整合范畴及其属性、界定理论及撰写理论。在基于理论的研究中，研究人员分析数据，寻找任何可能修正已确定的范畴或范畴间相互关系的新的不确定证据，研究人员使用固定的比较法，同时进行数据收集和数据分析，直到范畴达到饱和。科尔宾和施特劳斯（Corbin & Strauss，2008）进一步描述了数据分析的系统和结构化方法的四个步骤：开放式编码、主轴编码、选择性编码和理论生成。

二、研究资料来源

（一）二手资料

网购评论中存在大量关于退货意愿和退货行为的内容，特别是差评，它是一种网络负面口碑，反映的是消费者在购后所形成的关于产品、服务和企业的负面体验和意见及网络购物不满意和退货意愿等负向评论。电商平台有大量关于消费者购后退货意愿、退货行为的陈述，涵盖面比较广，具有很高的外部效度和可信度，是研究消费者网购退货因素、退货形成机理的理想素材。

本书利用八爪鱼数据采集器来抓取京东平台涵盖了搜索型和体验型两大品类 5 种比较热门产品（服装、鞋子、电脑、手机和空调）的差评内容，以及淘宝卖家社区中关于消费者退货行为的留言。时间跨度为 2017 年 6 月 1 日至 12 月 1 日，共收集到负面评论 35966 条，然后利用关键词搜索法，筛选出有“退货”的差评内容共计 663 条。

（二）深度访谈

通过对消费者在线网络差评和卖家留言等二手资料进行整理和初步分析，本书组列出初步的访谈提纲，准备运用深度访谈法（In-depth interview）来收集第一手资料作为在线网购退货原因的一种补充。在社会科学研究中，深度访谈法是一种收集资料极为重要的方法，在质性领域中得到了较为广泛的运用。

根据研究主题，本书以面对面深度访谈法加上 QQ、微信等聊天工具进行在线访谈方式深入了解消费者网购退货的行为和原因。共对 19 名有过网购退货经历的顾客及 3 名开网店的店家进行访谈。访谈对象主要包括上班族、家长及 3 名开网店的店家。访谈的对象不再局限于有退货经验的顾客，而是把电商平台商家也纳入进来，既有来自买方的退货理由，也有来自卖家角度的退货看法，比较全面地阐释了网络购物中的退货现象。访谈资料的整理，如表 3-1 所示。

表 3-1　访谈资料的整理

访谈者编号	性别	年龄（岁）	身份	退货的产品	退货理由	退货的结果
1	男	40	自由职业者	墙纸	图案不是产品本身的图案，误导消费者	退款未退货
2	女	29	B2C 平台从业者	送给小朋友的圣诞袜子	“双十二”促销发货就会很慢	退货
3	女	30	银行职员	预购电子产品	一个多月拖着不发货	投诉退货
4	女	22	大学生	台灯	描述的与实际不相符	退款退货个人承担邮费
5	男	41	教师	品牌商品	品牌商品到手后发现是冒牌	退货
6	女	22	大学生	鞋子	鞋子不合脚	不予退货，店家坚持一定要拍照确定鞋子完好无损
7	男	37 岁	金融从业人员	服装	货物质量和预期有差距	退货
8	女	35	教师	塑料箱子	“双十一”购买，发现塑料箱子碎了	过了验收期，无法退货
9	女	28	教师	两件衣服	收到之后感觉质量与预期差距比较大	退货
10	男	27	研究生	iPad	发现别的地方可以更便宜	退货

续表

访谈者编号	性别	年龄（岁）	身份	退货的产品	退货理由	退货的结果
11	女	25	研究生	鞋子	“双十一”买的，发现有挤脚	沟通了多次才成功退货
12	女	34	自由职业者	滑轮鞋	不符合工学原理，商品有质量问题	店家要我发检测报告，我嫌麻烦就没有发
13	女	28	公司员工	一件大衣	“双十一”期间买的，没有卖家展示的效果好，色泽和质量都不符合描述	选择退货
14	女	30	教师	服装	货物和网站上描述的不一致	退货
15	男	37	教师	魔幻陀螺	产品设计有问题，玩几下就散架了	协商退货
16	男	26	网络员	节日礼品	物流费算错了	因为商家自己弄错了费用，所以很爽快地答应了退货
17	女	39	教师	节拍器	质量有问题	退货
18	女	24	研究生	毛衣	买的跟我收到的货是完全不一样的	退货
19	女	39	企业员工	服装	主要就是、质量问题	退货
20	女	25	平台卖家	服装	买家故意拍错、拍多不想要	退货
21	女	年龄不详	平台卖家	服装	买家故意损坏货品，拍照说收到货破损，以此为理由要求退货	退货
22	男	年龄不详	平台卖家	服装	年纪轻轻的就这么爱占便宜，把别人衣服穿去旅游拍照，晒完朋友圈回来就退货	退货

三、编码过程

（一）资料整理

研究小组分成两个，每个小组由两名成员组成，把收集到的原始资料、二手资料整合在一起，在资料理解和分析方面，共同进行交叉验证，以尽可能消除个人主观因素的影响，进行初步分析、筛选、归类、编号，最终形成1万字的文档资料。

（二）数据分析

本书借鉴扎根理论的程序化编码流程，把数据编码过程分为开放式编码、主轴式编码和选择性编码。

在实际操作时，研究团队成员分为了两个平行小组，对案例资料独立进行编码，在编码时对收集到的资料进行逐句分解与提炼，并进行概念化，完成后两个小组对编码结果进行对比、讨论，以形成共同意见，最终从资料中提炼出了20个退货原因的概念，如表3-2所示。

表3-2 网购消费者退货原因的概念提炼

退货原因	1	2	3	4	5	6	7	8	9	10
	发错货	发货不及时	缺货不通知	货物坏了、变形	售后服务不兑现	产品有缺陷	货不对板	怀疑不是正品	怀疑是被用过的产品	购后降价
退货原因	11	12	13	14	15	16	17	18	19	20
	不是很满意	不喜欢	短暂使用后改变主意	不完全了解产品的购买	不小心或匆忙购买	不再需要	购后获得额外信息	多重购买	故意拍错、拍多不想要	编造借口退货

（三）开放式编码

这一阶段主要是将资料进行分解、提炼、概念化和范畴化。在开放式编码过程中，对收集到的数据进行共同因子分析，并将其分为主题或范畴。进一步的分析可以帮助识别特定的范畴或副范畴，开放式编码将收集到的数据简化为描述所研究的现象一组主题。其具体步骤分为现象摘要、发展概念和提炼范畴三大部分，如表 3-3 所示。

表 3-3　开放性编码形成的结果

序号	范畴化	概念化	原始语句
1	退货政策	七天无理由退货	本想省钱购买，系统崩溃，因为开机激活了联网不让退货，有点郁闷。 我都怀疑是不是假冒的 ERKE！想退货打客服电话得知还要问题检测，太麻烦。 不支持七天无理由退货，激活了不能退货，必须开检测报告才能退货。 退换货要发票、原包装才能给换，买的时候也没提供发票
2	退货成本	要邮费，耗时、麻烦	鞋子做工好差，要求退换货还要自己付邮费。 连一个维修点都没有，还要寄来寄去地维修，我没有这么多时间跟他们耗。 鞋子穿着挤脚，申请换货，还要填表自己去寄，太麻烦了
3	个性特征	消费者冲动性购买	“双十一”买的，当时是买三送一，我就买了三套，结果收到货看到实物后，太失望了。 “双十一”图便宜买的，觉得质量应该不会差到哪里去。可是第一次在网上买衣服，就这么让人失望了
		消费者见异思迁	真搞不懂这样的设计和款式什么人穿才合适，瘦子穿腰太大，胖一点压根就提不上。 不如千元国产手机！指纹解锁器位置太不合理！还有，充电时无后台也特别烫，直接不敢玩
4	伦理意识	辩解态度	只要符合七天无理由退货规则，我想怎么退货就怎么退货。 我退回去的商品不会影响商家二次销售

续表

序号	范畴化	概念化	原始语句
5	质量缺陷	产品有缺陷	魔幻陀螺产品设计有问题玩几下就散架了。 节拍器质量有问题，寄回去商家就给我退款了。 才买一周多就出现问题了，主板烧坏了。 手机后面的摄像头就无法拍照，后摄像头也无法识别任何物体，看到的是有很多黑色竖条的白屏。 收到样品是坏的，边角已经被撞变形严重。客服处理相当缓慢。 这次退货行为完全是商家的过错，总不能让消费者来承担吧。 退货是因为衣服尺码太小了，完全不能穿
6	感知欺骗性	货不对板	明明要 M 号的，发过来的衣服吊牌是 170 的，网站上尺码的标识和吊牌上的标识是不一致的。 女装与商品宣传广告不符，我买的是某知名品牌全棉内衣，而发货的是无商标牌的内衣
		怀疑不是正品	本来是冲着这个知名品牌来的，到手后发现是冒牌。 很确定是假货！我一直穿这个牌子的衣服，这套相同尺码居然穿不上！更别提杂乱的走线，不固定的标签位置，不标准的号码。 这刺鼻的气味，让我对这个品牌失去了信心！不知道是否是正品！ 销量这么高的鞋质量竟然这么次，真是太让人伤心了。 衣服的料子一摸就知道还不如我们这儿买的地摊货，一分价钱一分货
		怀疑被用过的产品	笔记本电脑莫名有许多开机之前日期的使用记录和文件，怀疑买到了翻新笔记本电脑。 包装贴着封条居然两边都给撕开了，明显是别人退货的
		降价	要么大家都原价，要么大家都优惠，不要拿原价的客户来补贴你优惠的客户。 电脑不好，买了没几天就降了 700 元。 手机客服不给保价，十月八号到货使用券 1510 元，十一号变成 1400 元
7	不符合预期	不是很满意	觉得手机买贵了，感觉手机用着就那样，没有想象中的好。 衣服没有吊牌和防伪码，客服说可能是漏贴了，太敷衍了，质量不言而喻。 两件衣服，收到之后感觉跟我期待的质量差距比较大。 服装质量和预期有差距
		短暂使用后改变主意	看着别的买家秀穿的都很好看，怎么我穿着就不怎么合身。 滑轮鞋设计不符合工学原理。 “双十一”买的一双鞋，发现穿着挤脚。 空调不制冷，客服人员说没问题，开着 16℃还流汗

续表

序号	范畴化	概念化	原始语句
7	不符合预期	不完全了解产品的购买	手机系统不喜欢，玩个游戏手指不小心就能把屏幕拉过来，指纹解锁也不是很好用。 电脑系统很不习惯，必须装双系统
		不小心 / 匆忙购买	一件大衣，“双十一”期间买的没有仔细比较，色泽和质量都不符合描述。 买的某品牌手机，买回来的时候没怎么仔细看，有天发现充电器是别牌子的。 “双十一”时有个零元装机宣传活动放在该空调的页面上，然后用很小、很小的字标分机型，谁看得到，买了两台
8	反悔	不再需要	送给小朋友的圣诞袜子，“双十二”促销发货很慢，都过了送礼日期。 我等了几天，等我回老家了才送到，我不会退货，我不要了。 买之前看好是北京有货，希望在春节前收到货，下单后第二天一看物流状态才知道是从广东发货
		购后获得额外信息	买的 iPad 发现别的地方可以更便宜。 买了之后听朋友说别的地方有更好的牌子（香水）。 羽绒服发现在别的地方质量更好
9	多重购买	多式购买	一共买了 7 件，却只保留了 1 件，其他都退货了。 买了两个手机，一个黑色一个白金色，就是想比较下哪个好
10	临时借用	把网店当衣柜	以前一个女同事就是这样的，单位春节晚会网购跳三人舞的衣服，用完即退货，平常也是，三天两头的快递成堆，全是拿来用几天就退货。 年纪轻轻的就这么爱占便宜，网购的衣服穿去旅游拍照，晒完朋友圈回来就退货
11	编制借口退货	编制借口退货	有些买家买了两件然后说收到只有一件，我们提供了发货视频，某宝客服介入，说视频可以摆拍，不能做凭证。 总是能吹毛求疵地针对色泽、手感和形状等方面予以不良投诉，甚至于无理由给差评，导致卖家 DSR 评分下降，降低了店铺的曝光率，以此勒索要求赔款。 有些买家买过一件商品，然后过段时间用坏了，找个其他店铺买个类似的商品，然后收到提供照片然后说坏的，要求退款，我们发现不是我们家的，拒绝了退款，买家找某宝介入，我们提供了凭证，某宝客服还是判我们输

续表

序号	范畴化	概念化	原始语句
11	编制借口退货	编制借口退货	买家故意损坏货品，拍照说收到商品破损，以此为理由要求退货。 买家在收到货品后，故意夸大产品的磨损状况，在评论和留言中大肆宣传商品的损害和“劣质”图片。 夸大商品磨损程度而退货。 以差评威胁卖家进行退货
12	寻求消费刺激	猎奇心理	每次网上购物对我来说就像是一次淘宝探险，总会充满着很多期待；淘到称心的商品就会很开心，淘到商品不满意就有失落感；虽然手头拮据，但我还是会选些比较贵的衣服买来体验下，然后就退掉
13	公平性违背	公平性感知	我们希望网购给我们的不仅仅是方便，还有公平；有的人能领券，有的人不能领券，为什么不是人人平等
14	责任违背	推卸责任	这次买这个电脑换了 4 次，客服的解释永远都是我们不能确定，我们不能保证，我们对商品的质量确定不了；解决不了问题就说是厂家的问题，我不是在厂家买的，我是在自营店买的，出了问题我不找你找谁，但是问题解决过吗？一味地敷衍，一味地推卸责任。 空调买回来之后只用了两次就坏了，打电话跟厂家售后和店铺联系要求换货，店铺售后和厂家售后互相推脱没货，不换也不退
15	承诺违背	承诺未兑现	不知道客服在想什么，买之前看好是北京有货，所以才决定下单，千叮咛万嘱咐给客服说第二天中午必须送到，我加快递费发顺丰到付，第二天一看物流状态才从广东发货。 衣服刚寄过来就是开线的！根本没办法穿！没想到加大码还这么小？还有品质承诺简直像个笑话！ 安装服务才差，推三阻四不断忽悠，一会儿说来一会儿说再等会儿，不能做到的事情就别乱承诺，把客户当猴耍。 促销活动送赠品承诺不兑现（确认收货后才送券，有时间限制）
16	信任违背	信任不再	对于某东一直都是非常信任的，但是此次购物太让人不满意了，无论是在线客服还是人工客服都是说抱歉、不好意思等，顾客反馈问题却不解决。 信任完全没有了。攒钱买了 MacBook Air 13 寸的，收到货打开是暖屏，然后我要退换货也不给退，客服说这个是正常的。 本来很相信某东，可这也太让人伤心了，东西买了半个月就坏掉，什么保障都没有！再也不在某东买这些东西了
17	情绪失调	后悔、失望、气愤、沮丧、心塞、生气	无法忍气吞声、整一肚子气、窝火、火冒三丈、怄气、气愤、恶心、闹心、后悔、烦死了、令人很失望

续表

序号	范畴化	概念化	原始语句
18	产品失调	被坑了，不好的购物体验，非常差的购物，东西就那样	东西就那样；很不成功的网购；烂得无法表达的购物；买错了；没有想象中的好；无语，表示“呵呵”；真不怎么样；真心差得很；最差的购物经历；最上当的，被坑了
19	产品契合度	产品体验差	空调一点也不制热，而且说的三十秒就热，结果三分钟才出风，然后今天是安装第二天，开了一个小时，越吹越冷。 衣服有褶皱不说，烫功又差，第二件还配错货。 买的时候写的是秋冬穿，到货了鞋子特别薄，就是一层网面

（四）主轴式编码

主轴编码寻求范畴或副范畴之间的相互联系，它是把开放式编码中被分离的资料信息，以聚类分析的方式，在各范畴间建立联系。本书通过对开放式编码中各范畴进行逐步分析建立联系，尝试探索其中隐藏的脉络或因果关系，经过独立范畴的多次比较和分析，最终将其归纳成“退货原因—驱动力—退货行为取向”机制模型，如表 3-4 所示。

表 3-4　主轴编码

开放性编码抽取的范畴	副范畴	主范畴
诚信经营	客观因素	退货原因
退货政策		
退货成本		
个性特征	主观因素	
伦理信念		
信任违背	感知心理契约违背	内隐驱动力
公平违背		
承诺违背		
责任违背		

续表

开放性编码抽取的范畴	副范畴	主范畴
产品契合度	期望不一致	内隐驱动力
情绪失调	购后失调	
产品失调		
寻求消费刺激	寻求消费刺激	
伦理取向	伦理取向	
质量缺陷	被迫型退货行为	合理性退货行为
反悔	反悔型退货行为	
感知欺骗性	上当型退货行为	
不符合预期	失望型退货行为	
临时借用	租借式退货行为	机会主义退货行为
多重购买退货	多式购买型退货行为	
编制借口退货	欺诈型退货行为	

（五）选择性编码

选择性编码是资料分析的最后阶段，其主要目标是从主范畴中识别出“核心范畴”，通过把各个主范畴之间的逻辑关系串联起来建立一个完整故事线，使用书面陈述、可视化模型或假说来解释所研究的现象并生成理论。本书的核心范畴是网购退货行为取向，通过与其范畴建立联系，我们构建了一个退货原因—驱动力—退货行为取向的模型。

我们捕获了网络购物中的主观退货因素（个性特征、伦理信念），客观退货因素（商家诚信经营、退货政策和退货成本），消费者内隐的五个驱动（感知心理契约违背、期望不一致、购后失调、寻求消费刺激和伦理取向）和七种退货行为取向。在正常情境下，消费者在网购后经历了购后认知与购前认知不相匹配，认知冲突的过程，也就是购后失调阶段，就会从内外归因的角度对于商家心理契约违背和主观期望不一致两个角度进行归因，从而产生被迫型、上当型、失望型和反悔型退货行为。在无理由退货政策下，减少购后失调的应对办法就是把自己的退货诉求合理化。另外，无理由退货政策也会刺激一部分消费者利用规则的漏洞进行机会主义退货行为诉求，如进行租借式、欺诈性及多式购买型退货行为，特别是在一种私密的网购环境下，消费者在个人伦理道德、追求个人利益和享乐刺激等因素作用下就会出现机会主义行为。

基于此我们构建了网购退货行为取向模型，如图 3-1 所示。

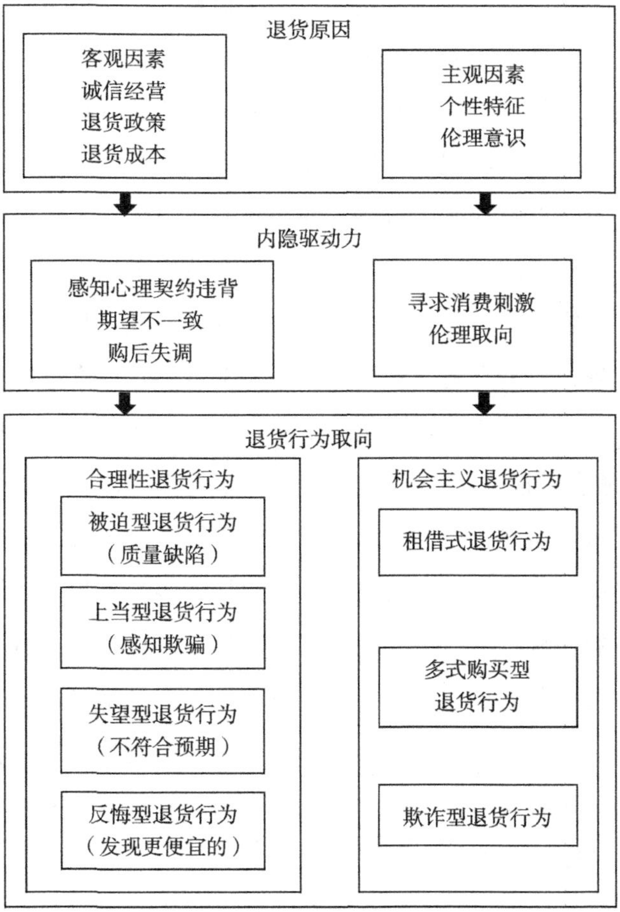

图 3-1　网购退货行为取向模型

四、退货行为的合理性取向与机会主义取向

通过以上扎根理论的方法得出了七种基本退货行为取向：①被迫性退货，这是最简单直观的一种退货行为，当产品有缺陷或销售人员不小心将错误的产品卖给顾客时，由于该商品无法满足顾客的需求，顾客被迫选择退货。②上当型退货行为，网购中消费者购前通过阅读商品信息和商品评论作出购买决策，这些来自商家和其他消费者的信息往往会出现失真、失实、误导等情况，消费者买到后会出现货不对板，图文信息、产品销量和评价信息不相符等情况，会有一种上当受骗的感觉，这类型退货行为也是一种常见的退货行为。③失望型退货行为，网购由于时空分割，消费者购物决策和实际收货两阶段分离导致了购后期望不一致的情况，可能产品并没有什么缺陷，也没有什么质量问题，但与消费者偏好存在差距，导致购后失望而退货。④反悔型退货行为，消费者的购后退货行为还会与消费者见异思迁的性格有关，有些顾客在购买后容易后悔，会改变主意，如购后发现产品降价了，发现替代品表现更加优越或者是有更好的购买场所等都会导致反悔型退货行为。⑤租借式退货行为，许多消费者利用无理由退货规则把在线商家当作自己私人的“电子衣柜”随意退换货，如一些顾客购买万圣节服装，万圣节过后再退回服装。⑥多式购买型退货行为，由于网购前不能亲身验货，很多消费者为了规避风险，选择多重购买、连环退货，特别是服装类产品，他们往往会进行不止一件产品的选购，然后反复退货。⑦欺诈型退货行为，由于网购的虚拟性和私密性，很多顾客缺乏自控力，会出现一些不道德退货行为，如有些人会进行不良投诉，编制虚假退货理由，甚至无理由给差评等，有些人在一家商店购买产品，然后从另一家商店低价购买同款商品进行退货，还有一些人会利用无理由退货规则获得退款却不退回商品等。

上述七种行为捕获了网络市场中几乎所有可能的退货行为。由于一些退货行为在成熟的市场中是可以接受的，而在另一些市场中则可能不被接受，

为此，我们把这七种类型的退货行为从伦理角度进一步概括为两类——合理性退货行为和机会主义退货行为。合理性退货行为是指在成熟的市场中可以接受的退货行为，包括由于产品缺陷、卖家的过错、买家的懊悔而产生的退货行为。因此，前四种类型的退货行为被划分为合理性退货行为。另外，由于机会主义是狡诈的利己主义，而狡诈意味着使用狡猾或不诚实的方法来获得某东西。因此，我们将其他三类退货行为归类为机会主义退货行为。而对于这种划分的科学性我们也通过设计七种网购退货情境运用实验法来进行验证。

第二节　合理性退货行为和机会主义退货行为的实验测量

由于目前还没有针对消费者退货行为的比较权威的测量方法，我们在定性研究和文献综述的基础上，借用真实的退货情境运用实验法让学生从伦理角度对网购退货行为进行合理性行为或机会主义行为判断。具体来说，参与者阅读七个场景如“退货是因为产品有质量缺陷”“退货是因为它与预期不一致”“退货是因为实物与网站描述的不一致（货不对板）”“退货是因为发现其他地方更便宜”“为了参加某项活动而购买的衣服被退掉了”“故意多拍把不要的商品退掉”“故意损坏货品，拍照说收破损产品，以此为理由要求退货”，回答问题如“您在多大程度上同意这种行为？”（使用五点李克特量表，1 = 非常不同意，5 = 非常同意）此外，给出了合理性行为和机会主义行为的定义，合理（合法）的退货行为是指在成熟的市场中可以接受的退货行为，包括由于产品缺陷、卖家的过错、买家的懊悔或者外部市场的变化而产生的退货行为；机会主义退货是欺诈的、利己主义行为，通过使用狡猾或不诚实的方法来获得某种东西（Williamson，1981；pei，2018）。合理性退货是在退货政策许可的范围内执行的退货；机会主义退货是一种欺骗式的行为，顾客购买商品的目的只是暂时使用，然后将其退还给零售商要求退款（Harris，2010）。

在武汉地区一所大学内进行了一项实验研究，参与调查的学生有35人。为了确保合理性和机会主义退货行为的分类是可行的，向受试者提出了一个后续问题“这是合理行为还是机会主义行为？”

情境一：在网上买了一个台灯，它原价是一百三十五元，根据店家网页上面描述，该台灯质量非常好，而且是进口的，台灯的光线是对学生的眼睛有保护作用。但是到手后，发现这个台灯实际情况和网页上商品的描述不太一样。然后问卖家能不能退货，退货运费能不能由卖家承担，商家一开始认为产品不是质量问题，不同意退款，最后经过某宝客服干预，同意卖家退款，但邮寄费由买家承担。

测试问题：①“退货是因为实物与网站描述的不一致”，您在多大程度上同意这种行为？ ②您觉得“这是合理性行为还是机会主义行为”？

情境二：网上买的衣服怕掉色，洗的时候放了点盐，结果洗衣服的水还是黑乎乎的、手上更是被染黑一片。联系客服，客服爱答不理的，店家自己说洗好多次都不掉色。要求退货，店家说衣服洗了影响二次销售不能退货，可是这衣服不洗怎么知道掉色厉害呢？明明是质量问题，为什么不能退货？

测试问题：①“退货是因为产品有质量缺陷”，您在多大程度上同意这种行为？ ②您觉得“这是合理性行为还是机会主义行为”？

情境三：本来就是看广告说这手机适合玩游戏才买的，可是用该手机在玩游戏时，走位都会失灵，太让消费者失望了，问客服能不能退货，客服让我先到售后去检测一下，有问题才能退。

测试问题：①“退货是因为它与预期不一致”，您在多大程度上同意这种行为？ ②您觉得“这是合理性行为还是机会主义行为”？

情境四：某东买的iPad，他们本来就有7天无理由退货的规定，因为后来有同学说可以买到更便宜的，就给退了。

测试问题：①“退货是因为发现其他地方更便宜”，您在多大程度上同意这种行为？②您觉得“这是合理行为性还是机会主义行为”？

情境五：假期跟朋友一起出游，在网上买了几件好看的衣服，保留好吊牌后，穿出去旅游拍照，晒完朋友圈，回来后就退货。

测试问题：①“只是想参加某项活动临时购买，活动结束了就退掉”，您在多大程度上认可这种行为？②您觉得“这是合理行为性还是机会主义行为”？

情境六：网上买衣服确实拿不定时候，就会多拍几种不同款式、颜色和尺码的，反正拿到手试穿几天，不合适就退掉。

测试问题：①“故意多拍把不要的商品就退掉”，您在多大程度上认可这种行为？ ②您觉得“这是合理性行为还是机会主义行为”？

情境七：网上买的衣服穿了几天不是很喜欢，怕商家不肯退货，就故意把它弄脏点，拍个照跟商家说买到手产品质量就有问题要求退货。

测试问题：①“故意损坏货品，拍照说破损产品，以此为理由要求退货”，您在多大程度上认可这种行为？②您觉得“这是合理性行为还是机会主义行为”？

合理性退货行为与机会主义退货行为统计，如表3-5所示。

表3-5　合理性退货行为与机会主义退货行为统计

分组	测项	合理性退货行为（%）	机会主义退货行为（%）
合理性退货行为	退货是因为产品有质量缺陷	93.5	6.5
	退货是因为实物与网站描述的不一致	83.9	16.1
	退货是因为它与预期不一致	91.7	8.3
	退货是因为发现其他地方更便宜	70.3	29.7

续表

分组	测项	合理性退货行为（%）	机会主义退货行为（%）
机会主义退货行为	为了参加某项活动而购买的衣服被退掉了	8.2	91.8
	故意多拍商品，把不要的退掉	8.7	91.3
	故意损坏货品，拍照说收到货破损产品，以此为理由要求退货	7.6	92.4

事后统计的数据结果表明我们的分类是可以被接受的，前四类产品退货行为被认为是合理性的退货行为，后三类产品退货行为被认为是机会主义退货行为。

第三节　本章小结

本章围绕着消费者网购退货行为取向这一主题，通过扎根理论方法对网购退货行为的评价信息和退货访谈资料进行质性研究，构建了“网购消费者退货原因—退货驱动因素—退货行为”取向模型。退货原因有来自消费者的主观因素，如消费者个性特征和消费者伦理，和来自在线零售商的诚信经营问题、来自平台退货政策及退货成本等客观因素；顾客在线购物退货驱动因素有感知心理契约违背、期望不一致、寻求消费刺激及购后失调等；识别出被迫型、上当型、失望型、反悔型四种合理性退货行为和租借式、多式购买型、欺诈性三种机会主义退货行为，并从伦理角度把这七种退货行为进一步归类为合理性退货行为和机会主义退货行为，运用情境实验法对这种划分的合理性进行证实。实验证明了把消费者退货行为划分为合理性退货行为和机会主义退货行为是恰当的，这为我们以下两章从实证的角度来进一步验证合理性退货行为和机会主义退货行为机制模型打下了基础。

第四章　合理性退货行为研究——购后失调视角

通过扎根理论和情境实验方法分析出电子商务情境下网购合理性和机会主义两种退货行为。合理性退货行为的出现与消费者感知的心理契约违背和期望不一致有关。感知心理契约违背会导致被迫型退货和上当型退货行为；期望不一致会导致失望型与反悔型退货行为。当消费者购后出现不满意、期望不一致或感知权益受到侵害的情况时，往往会经历购后认知失调阶段。退货成为了今天消费者处理购后失调问题的主要应对措施。首先，本章阐释正常情况下消费者合理性退货行为发生的理论基础，并结合上一章的退货行为质的研究构建了合理性退货行为理论模型。其次，鉴于现有的电子商务领域关于心理契约违背的维度和测量量表的缺失和不足，开发出专门针对电商情境下的心理契约违背的维度和测量量表，并运用问卷数据进行验证。最后，通过在线问卷调查数据对整个模型进行验证。

第一节　理论基础与模型建构

一、购后失调

（一）认知失调概念

利昂·费斯廷格（Leon Festinger）在20世纪50年代中期提出了认知失调的初始理论，该理论认为当一个人掌握了两种或两种以上相互关联但又相互矛盾的知识时，就会产生一种不舒服的状态。他称这种不舒服的状态为“失调”。费斯廷格用公式把它进行理论化：认知相关的失调程度（degree of dissonance）= D /（D + C），其中 D（dissonance）代表的是认知中的失调的部分，C（consonance）代表的是认知中的和谐的部分，并对每个认知进行加权。费斯廷格（1957）的理论认为，人们受失调中的不愉快的状态所激励，从事些“心理工作”，以减少不一致性，而这种“心理工作”通常涉及最抗拒改变的认知。费斯廷格那个年代的市场环境竞争不那么激烈，消费者权益保护运动不那么普遍，可供消费者应对购后失调的资源是有限的，消费者一旦在这样的市场环境下进行购买，就失去了杠杆作用。因此，与当代人相比，他们在经历购后失调时更不愿意退货，因为他们对成功退货的信心较低。当个体对自己的行为可能达到的预期结果缺乏信心时，他们更有可能通过改变认知成分来恢复心理平衡（Cooper & Fazio，1984）。因此，他们必须在心理上为自己的选择进行辩护。研究人员从中得出结论，即消费者在经历购后失调时，对成功退货的期望较低，会有动力在力所能及的范围内恢复心理平衡。甚至有理论认为，通过这种方式重构认知系统，会使消费者对最初感到焦虑或不舒服的购买产生积极的态度转变（Schiffman & Kanuk，2006）。在 20 世纪六七十年代，当购后失调的概念在市场营销中形成时，这样的理论和实践推理应该是现实和可信的。

然而，过去五十年来市场环境发生的重大变化使得这种解释在今天既不现实也不令人信服。在过去的五十年里，包括竞争、消费者保护法规和消费者运动在内的市场发生了巨大的变化，由此带来了与 20 世纪六七十年代截然不同的营商环境。在这种环境下，消费者和企业之间的沟通和互动发生了巨大的变化。在众多因素中，竞争是市场格局发生巨大变化的主要驱动力，激烈的竞争迫使企业提供更多的服务福利，如宽松的产品退货政策，以提高他们的业绩。几乎所有的美国公司都提供免费的退货政策，允许消费者以任何理由进行退货，一些公司甚至用鼓励消费产品退货作为其竞争性营销策略的一部分。

与20世纪六七十年代的消费者不同，如今的消费者在这种情况下既不觉得有必要为自己的错误购买行为辩护，也不觉得有必要保留该产品，产品退货作为一种社会规范在当前市场上也被广泛接受。因此，消费者更有可能通过产品退货来应对购后失调，而不是采用之前综述所提到的其他降低购后失调的措施。因此针对中国电子商务情境下的7天无理由退货政策的实施，我们认为运用购后失调理论来解释消费者网购合理性退货行为是非常合适的。

（二）购后失调的定义

虽然没有达成共识，但在市场营销中，购后失调指的是购买者在作出购买决策或购买产品后，由相互冲突的认知元素（如信念）所引起的不适、怀疑、不安、焦虑或后悔。消费者在购买后可能会因为各种各样的原因经历购后失调，如安装问题、对产品或使用缺乏了解或者虽然不确定只是觉得产品可能有问题等。对情绪的研究使得人们对购后失调有了更多的了解，后悔与购后失调的关系尤为密切，因为这种强烈的负面情绪是在消费者购买后经历“买家懊悔”时产生的；在购买后看到关于被放弃商品的正面信息也会引起后悔，特别是，当选购的品牌与被放弃的品牌进行比较时，甚至在实际使用该产品之前，就会引起后悔。而满意（或不满意）则是通过对所选购的品牌的性能与预期进行内部比较而形成的。后悔和满意这两种概念的区别，为我们理解为什么消费者并非不满意情况下也会退货，提供了一个重要的洞见。

（三）购后失调维度

斯威尼等（Sweeney et al.，2000）认为消费者在购后阶段会存在认知和情感两方面的失调。与产品相关的认知失调则分为购买明智性和交易担忧两个维度。购买的明智性意味着一个人在购后意识到他（她）可能并不需要这个产品，或者意识到自己没有选择正确的产品。对交易的担忧意味着一个人在购后意识到他在购买过程中可能受到了销售人员的影响而违背了自己的信念。同时，情感方面失调被定义为一个人在作出购买决策之后出现的心理不适。情感失调维度被描述为一种“如果顾客采取不同的行动，结果可能会更好”而出现的令人失望或悲伤的感觉（Zeelenberg，1999），同时产品失调还会影响到情绪的失调。

二、心理契约违背

（一）什么是心理契约

长期以来，合同在买卖双方的关系中一直是必不可少的，约束着交易双方并规范他们的活动，对在线市场上买卖双方的交易发挥着重要的作用。合同除了具有被广泛审核的经济和法律要素外，还存在一个内在的、感知的心理因素来应对在正式法律条文明确描述之外隐含的细节和感知的义务（Macneil，1980）。根据社会交换理论，心理契约的感知、不成文和内隐的本质是它区别于法律契约的定义属性（Argyris，1960）。事实上，由于所有的契约本质上都是不完整的（Macneil，1980），心理因素实际上是所有契约不可避免的一个方面（Rousseau & Parks，1993）。确切地说，当合同的一方认为另一方有义务履行某些行为时，就存在心理契约（Rousseau，1989）。因此，心理契约比经济契约和法律契约要宽泛得多，它包含了一些不能正式纳入法律契约的感知因素。

（二）心理契约维度

目前被广泛接受的对心理契约进行分类的方法是认为契约要么是交易型的，要么是关系型的（Rousseau，1995；Rousseau & Tijoriwala，1998）。与关系契约相比，在线市场交易型契约的特点更为明确，描述了各方的契约义务。从买方的角度来看，交易合同是由买方对卖方合同义务的感性认识构成的。基于现实拍卖规则，构成网络市场心理契约基础的卖家基本义务有“按照承诺的发货方式及时发货”“交付与网站上所展示的相同的产品”“遵守承诺的付款政策”“遵守销售条件，兑现退货或退款承诺”等。

（三）心理契约违背的性质

当人们认为他们没有从合同协议中得到他们期望的东西时，心理契约违背就发生了（Morrison & Robinson，1997；Niehoff & Paul，2001；Pate & Malone，2000；Pugh et al.，2003；Robinson，1996）。心理契约违背通常是由于对特定合同的预期不一致而发生的，通常围绕合同违反或对具体合同义务的误解上。通常情况下，心理契约违背的发生有两个主要原因：“违约”和“不一致”。“违约”的发生是有一个明确的、无可争议的合同违背。“不一致”的产生是当双方对约定的义务有不同的期望或理解时，即使没有明确违反合同，也会发生。

“违约”是指一方因机会主义或无能力而未能履行其义务（Morrison & Robinson，1997）。违约的一个典型例子是卖家善意地承诺了某种产品，但由于不可预知的原因，可供给的产品意外的减少了，卖家被迫推迟交货或违约；“违约”也可能发生在责任人故意不愿履行自身的承诺时，如当卖家故意宣传一个比自己打算交付的产品更好的产品；“违约”还可能发生在卖家无视承诺，即使这些承诺最初是善意的，如卖家可能承诺质保，但后来决定放弃原来的承诺。

“不一致”发生在双方对合同义务有不同的理解时（Morrison & Robinson，1997）。例如，卖方可能认为自己已经履行了义务，但买方却不这么认为。“不一致”往往是由于复杂而含糊的契约、认知框架的差异、认知图式的分歧及契约义务沟通不畅的结果。总之，无论是“违约”还是“不一致”，都会在一方的期望和实际体验之间造成实际的或可感知的差异，从而潜在地导致心理契约违背。

学术界和营销从业人员长期以来主要关注合同的法律成分，而忽视了合同的心理成分。鉴于文献实证了心理契约违背基本作用及其潜在的破坏性，帕夫卢（Pavlou，2005）曾建议心理契约违背应该是我们理解在线市场买方—卖方关系的核心。

三、模型的构建

现有研究表明，认知失调是导致消费者退货的重要因素（李明芳，2017）。鲍尔斯等（Powers et al.，2003）的研究也证实了遭受过认知失调的顾客会通过退货来消除购物后悔带来的影响。同时考虑到网购退货成本有可能是影响消费者退货的一个重要因素，因此我们把退货成本作为一个调节变量来进行考察。在购后失调的前置变量上，泰等（Tay et al.，2016）运用期望不一致理论论证了员工期望与不一致间的差距（gap）与认知失调呈正相关的关系。帕克（Park，2015）也曾经运用期望不一致理论模型比较了消费者购前、购后所经历的认知失调问题，证明消费者购前与购后的期望不一致导致购后的失调。我们通过前一章对消费者在线购物退货的前置因素扎根理论分析，得出引起消费者购后失调进行退货的重要原因有消费者购后感知心理契约的违背和期望不一致。因此基于以上认知失调理论、心理契约违背理论和前一章消费者退货行为的扎根理论分析，我们构建了网购合理性退货行为模型，如图 4-1 所示。

第二节　电子商务领域的心理契约违背维度及量表开发

通过文献综述部分对营销情境中的心理契约违背回顾，我们发现电子商务领域关于心理契约违背的维度，基本上是套用组织行为学领域的关系型和交易型契约违背两个概念，在测量内容方面也没有较为合适的权威量表，因此在正式测量网购退货行为之前，有必要就电子商务中的心理契约维度进行探索性研究和量表的开发。

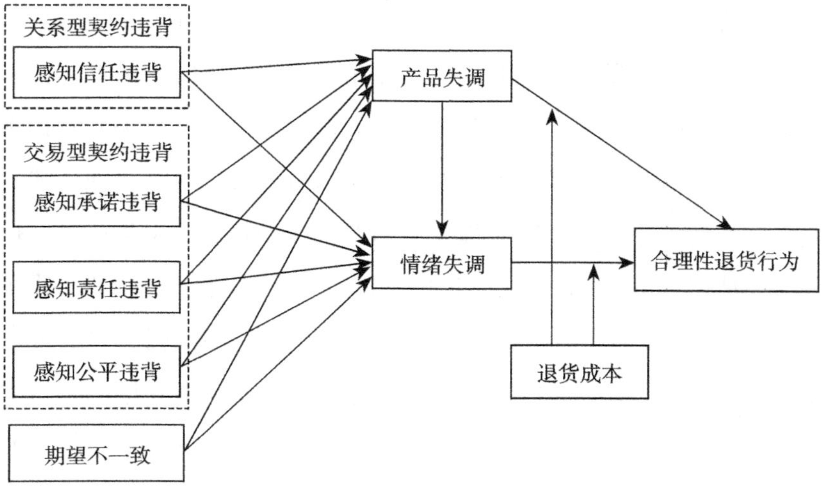

图 4-1　网购合理性退货行为模型

一、现有的心理契约量表

在电子商务市场中，心理契约违背现象很常见，由于网络交易市场通常都不进行面对面的私人接触，买卖双方彼此不熟悉，经常会有不一致的目标，并且可能对各自的契约义务有不同的理解，很容易造成心理契约的违背情形。但是通过前面文献综述部分，我们发现关于电子商务市场心理契约违背的学术研究并不多，目前比较有影响的就是帕夫卢（Pavlou）和杰芬（Gefen）的文章，他们把电子商务市场心理契约违背定义为单个买家感知自己在与卖家交易协议条款上受到了错误对待。他们将卖方的欺诈、虚假陈述、合同违约、延迟交付、不承认产品质保及拒绝遵守支付政策等行为，认定为在线市场上心理契约违背的共同潜在来源。而该文章认为网络购物情境下发生的主要是交易性契约违背关系，所以并没有涉及关系型契约违背研究。同时，该文章由于研究的是早期还不成熟的在线交易市场，一些构念，如支付政策等，在今天已经不是一个突出的问题，有些概念之间，如欺诈行为、虚假陈述、合同违约等，也存在着含义重叠的地方，对于研究网络购物中合理性退货行为心理契约违背的概括并不全面。国内申学武、罗海成写在营销领域进行有关心理契约的量表开发研究，他们主要是沿用组织行为学的交易型和关系型两个维度来开发的。其中罗海成主要是从服务行业角度研究了关系营销中心理契约两个维度对顾客信任和顾客忠诚的影响，所开发的量表题项反映的是服务领域心理契约关系，并不是心理契约违背方面的量表。申学武虽然探究的是电子商务情境中的心理契约及其测量问题，但是由于其沿用罗海成的服务业测量题项，所进行的量表同样也并不是关于电子商务情境中的心理契约违背量表，所以该量表的有效性也没有得到后续研究人员的进一步论证（申学武，2007）。因此对于电子商务情境中的心理契约违背维度的界定和量表的开发十分有必要。

二、网购心理契约违背维度的界定

在上一章我们通过扎根理论方法确定了网购退货行为中消费者所感知的四个心理契约违背变量，这四个维度可以进一步归类为关系型契约违背和交易型契约违背。关系型契约违背界定的主要依据是在线购物顾客对于特定平台或特定品牌形成了忠诚度和信任度，很多顾客成为平台的会员顾客（钻石、白金、金钻会员），有着多年同一平台购物经历，对平台形成了很高的信任和黏性。也有一些顾客是因为多年线下实体店积累的对某一品牌的忠诚和信任迁徙到在线平台，却因为某一次的交易行为受到伤害，产生了信任危机，感知到多年形成的关系型心理契约的违背。因此，我们把网购中的关系型契约违背界定为感知信任的违背；在网购交易过程中，顾客常常会遭遇到交易的价格、促销及退换货政策的不公平，零售商不兑现承诺的赠品或售后服务保障，零售商、制造商、平台和物流公司等几方关于质保、产品故障等相互推卸责任，因此我们把感知公平违背、感知责任违背、感知承诺违背归类为交易型心理契约违背，如表 4-1 所示。

表 4-1 心理契约违背主范畴

分类	主范畴
感知信任违背	关系型心理契约违背
感知公平违背	交易型心理契约违背
感知责任违背	
感知承诺违背	

三、电子商务中的心理契约违背量表的开发

在对网购情境中的关系型和交易型心理契约违背变量进行界定后，我们采用内容分析法对访谈中原始概念、范畴化的概念进行整理、归纳、提炼和修正，初步确定四个维度的测量指标。对于题项的筛选原则是：该题项不可以存在两个或两个以上的含义及该题项一定是反映心理契约违背的特征陈述，题项精简的步骤按照刘遗志（2016）的办法分两步进行。

（1）邀请三位营销专业研究生，向他们解释每个类别所包含的意义，并选择一个题项作为例子向他们进行示范归类。然后，请他们根据自己的理解对所有的题项进行分类。如果三名成员中有两名以上认为某个题项不能归属于任何一类，则认为该题项不适合用来解释心理契约违背行为，则项目应该被删除掉。

（2）再邀请另三名研究生加入，按照同样的方法让他们熟悉每个类别的含义，并对每个类别的测项有一个大致的了解。在此基础上，要求他们分别就每个测项对该类别的解释程度按照可完全解释的、解释力一般和不可解释三种进行归类。在所有六名成员中至少有三人认为该题项能够完全解释所属类别，且没有一个人给出不能解释所属类别则保留该题项，否则就予以删除（刘遗志，2016）。心理契约违背初始量表如表 4-2 所示。

表 4-2　心理契约违背初始量表

维度	指标	题项
感知信任违背	TB1	某平台上大品牌的商品辜负了我的信任，居然会卖出高仿品来
	TB2	某平台直营店、旗舰店辜负了我的信任，居然会卖出水货东西来
	TB3	多年信赖的某平台也会出现货不对板的情况
	TB4	某平台辜负了我的信任，高销量的商品质量竟然这么次，感觉好评是刷出来的
	TB5	感觉某平台节假日打着促销活动的旗号，其实都是骗人的
	TB6	作为某平台多年会员顾客，第一次遇到这样差的售后服务
感知责任违背	RB1	感觉平台缺乏对第三方产品质量的有效监管
	RB2	出现问题时，商家、平台及物流间会互相推诿
	RB3	客服推卸责任，对顾客不理睬
	RB4	客服责任心不强
	RB5	店家没有提醒顾客正确使用
	RB6	网购售后安装服务不专业
	RB7	店家产品质量有问题，所卖的产品来路不明
感知承诺违背	CB1	商家赠品没有兑现
	CB2	商家承诺补偿没兑现
	CB3	商家承诺返运费后不兑现
	CB4	商家承诺会尽快发货，却迟迟不发货
	CB5	商家承诺 100% 正品，到手后发现质量很差
感知公平违背	FB1	买后就降价太不公平了，申请保价要收服务费
	FB2	凭什么超过价保期就不保障
	FB3	凭什么安装费还要我出
	FB4	为什么我买的时候啥也不送，之后买就有送赠品
	FB5	促销活动结束后价格反而更低了
	FB6	新买的产品质量有问题，只能送去维修

四、问卷的设计及测试实施

问卷调查主要由两部分组成：第一部分是受访者对于网络购物中所遭受

的心理契约违背行为测量指标的评价，测量 4 个维度 24 个指标。采用李克特 6 级量表对初始量表进行测量，从 1 到 6 表示非常不同意到非常同意。第二部分是关于受访者人口统计学变量测试，包括年龄、性别、网购经验及网购月开销等。此次调查共回收问卷 350 份，其中有效问卷为 280 份，有效率为 80%。

五、量表的检验与确定

消费者网络购物心理契约违背测量指标的确定按照以下步骤进行。首先，进行各个维度内部题项间相关性分析，当某个题项与该维度内其他题项的相关系数都低于 0.3 时，说明该题项与该维度内测项间关系较差，应该予以删除。其次，采用 Cronbach's α（系数）进行信度检测，当删除某一个测量指标时该维度的整体 Cronbach's α 值如果能够显著提高时，则应该删除该测量指标。最后，采用探索性因子分析法来排除因子载荷低于 0.4 的因子。经过各个维度内部测项相关系数分析法，发现责任违背维度下的 RB5、RB6、RB7，承诺违背维度下的 CB4、CB5 等测项的相关系数低于 0.3，予以删除。

问卷的信效度分析和因子分析。根据统计学家凯撒（Kaiser）提出的标准，当 KMO>0.8 时，说明量表可以做因子分析，KMO 值越靠近 1 时，量表就越适合做因子分析。本次问卷所获得的有效问卷 KMO=0.854，巴特利球形检验 P=0.000，表明问卷适合进行因子分析，如表 4-3 所示。

表 4-3　KMO 检验和巴特利球体检验

KMO 取样适切性量数		0.858
巴特利特球形度检验	近似卡方	1256.926
	自由度	171.000
	显著性	0.000

表4-4是在排除相关系数比较低的测项后，对剩余的测项通过因子分析法，采用最大方差旋转法进行正交旋转后获得的主成分矩阵。按照农纳利（Nunnally，1994）的观点，旋转后的因子载荷在两个因子间均高于0.4的测量指标要删除（JC，IH，1994）。从表中我们可以看出测项FB6、TB5、TB6在两个因子上的载荷都大于0.4，故将它们删除。RB1虽然没有出现两个以上因子的载荷都大于0.4的情况，但因子载荷偏低，故也进行删除。

表4-4　最大方差旋转主成分因子分析

变量	成分			
	1	2	3	4
TB2	0.896	0.147	0.011	0.132
TB1	0.856	0.208	0.038	0.189
TB4	0.808	0.077	0.257	0.051
TB3	0.782	0.150	0.252	0.238
TB5	0.600	0.253	0.444	0.070
FB6	0.544	0.343	0.445	–0.060
TB6	0.501	0.233	0.347	0.428
FB	0.017	0.849	0.245	0.166
FB2	0.211	0.849	0.112	0.213
FB3	0.122	0.793	0.178	0.226
FB1	0.357	0.728	0.052	0.103
FB5	0.267	0.667	0.312	–0.203
RB3	0.200	0.085	0.809	0.142
RB4	0.201	0.146	0.795	0.105
RB2	0.066	0.261	0.747	0.219
RB1	0.232	0.296	0.462	0.339
CB2	0.150	–0.015	0.201	0.834
CB1	0.025	0.382	0.068	0.809
CB3	0.231	0.085	0.154	0.788

在完成题项净化后对剩余的题项重新进行项目分析，结果如表 4-5 所示。从表中可以看出 KMO=8.48，P=0.000 显著性水平低于 0.05，说明适合进行因子分析。同样表 4-6 样本数据按照特征值大于 1 提取了 4 个因子，累计方差解释率为 76.223。最大方差旋转后每个测量指标的因子载荷值介于 0.686 与 0.906 之间。在进行各个维度的信度检测后各个维度的 Cronbach's α 值都在 0.7 以上，各个测量指标在 0.001 的显著性水平下均相关，表明问卷的构建效度非常好（见表 4-7）。因此，整个问卷的信度和效度都良好。

表 4-5　净化题项后的信度分析——KMO 检验和巴特利球体检验

MO 取样适切性量数		0.848
巴特利特球形度检验	近似卡方	931.158
	自由度	105.000
	显著性	0.000

表 4-6　净化题项后的因子分析旋转因子载荷 a

变量	成分			
	1	2	3	4
FB4	0.859	–0.007	0.157	0.226
FB2	0.857	0.193	0.203	0.102
FB3	0.796	0.124	0.227	0.190
FB1	0.739	0.352	0.089	0.021
FB5	0.686	0.222	–0.164	0.268
TB2	0.169	0.906	0.107	0.048
TB1	0.228	0.875	0.155	0.058
TB4	0.107	0.803	0.050	0.251
TB3	0.181	0.791	0.215	0.269
CB2	–0.010	0.171	0.838	0.223
CB1	0.376	0.021	0.831	0.043
CB3	0.093	0.227	0.805	0.143

续表

变量	成分			
	1	2	3	4
RB3	0.117	0.214	0.122	0.860
RB4	0.173	0.199	0.107	0.818
RB2	0.293	0.059	0.198	0.720

表 4-7 调整后的信度检验和因子分析结果

维度测量	指标号	测量指标	旋转后的因子载荷	各维度的 Cronbach's α 值
感知信任违背	TB1	某平台上大品牌的商品辜负了我的信任，居然会卖出高仿品来	0. 875	0.910
	TB2	某平台直营店、旗舰店辜负了我的信任，居然会卖出水货东西来	0.906	
	TB3	多年信赖的某平台也会出现货不对板的情况	0. 791	
	TB4	某平台辜负了我的信任，高销量的商品质量竟然这么次，感觉好评是刷出来的	0. 803	
感知责任违背	RB2	出现问题时，商家、平台及物流之间会互相推诿	0. 720	0.812
	RB3	客服推卸责任，对顾客不理睬	0.860	
	RB4	客服责任心不强	0.818	
感知承诺违背	CB1	商家赠品没有兑现	0.831	0.832
	CB2	商家承诺补偿没兑现	0. 838	
	CB3	商家承诺返运费后不兑现	0. 805	
感知公平违背	FB1	买后就降价太不公平了，申请保价要收服务费	0.739	0.891
	FB2	凭什么超过价保期就不保障	0.857	
	FB3	凭什么安装费还要我出	0.796	
	FB4	为什么我买的时候啥也不送，之后买就有送赠品	0.859	

第三节　合理性退货行为的研究假设与实证分析

一、研究假设

（一）心理契约违背与购后失调关系

网络市场中每一个买卖双方的互动都可以通过心理契约来表征，作为在线买家，通常受他们对卖方交易义务的隐性理解所支配，而不是受法律合同中的明确规则所支配（Pavlou & Gefen，2005）。心理契约是建立在感知承诺的基础上的，当一方认为另一方有义务履行某些行为时，就会产生心理契约（Rousseau，1994）。从买方的角度看，心理契约包括买方对卖方履行合同义务的感知信念。因此，如果买家认为他们没有得到合同约定的东西或在与卖家的交易协议条款上受到了错误对待，如遭受欺诈、虚假陈述、合同违约、交货延迟或违反售后质保等情况，就会遭受购后失调，他们可能会对产品质量产生怀疑，对如何安装缺乏知识，对产品性能、使用缺乏了解，进而产生退货意愿。费尔德曼（Feldman，2013 ）认为当合同的一方无法履行其承诺时，另一方就会产生被背叛的感觉，并且会导致一系列失望、愤怒等消极情绪的产生。像心理契约违背这种期望失验经历会导致买方的心态从最初的良好信念转变为随后的负面情绪（Dunfee et al.，1999）因此可以提出以下假设：

H1a：感知信任违背对于产品失调具有显著性正向影响。

H1b：感知信任违背对于情绪失调具有显著性正向影响。

H2a：感知承诺违背对于产品失调具有显著性正向影响。

H2b：感知承诺违背对于情绪失调具有显著性正向影响。

H3a：感知责任违背对于产品失调具有显著性正向影响。

H3b：感知责任违背对于情绪失调具有显著性正向影响。

H4a：感知公平违背对于产品失调具有显著性正向影响。

H4b：感知公平违背对于情绪失调具有显著性正向影响。

（二）期望不一致与购后失调关系

期望不一致强调顾客满意是一种理性的认知评价过程，强调了认知过程（期望、实绩与差距）对顾客满意的影响（张跃先等，2010）。奥利弗（Oliver）在1980年提出了"期望—绩效"模型，认为消费者会在购前对所购买产品可能提供的各种利益和所要达到效用形成一种期望，购后实际产品的体验会与期望标准进行比较，当两者之间出现不一致就会经历购后认知与购前认知的矛盾冲突，导致情绪上的不愉快。到了20世纪90年代，越来越多的学者提出了"期望不一致"模型（expectancy disconfirmation model）认为期望差距是一种相减的差距（即实际感知减去相比较的标准所形成的代数差距），或是一种主观差距（即感知实际与期望之间主观上的差距）。消费者网络购物的目的是获得产品的某种程度上的功能性和享乐性满足，当消费者拿到商品后，经过短暂体验就会有一个期望确认的问题，如果商品没有达到预期结果，就会经历一种购后不适的状态，费斯廷格把这种购后认知与购前期望之间的差异称为认知失调。购后失调指的就是在购买产品后，由相互冲突的认知因素（如信念）引起的不适、怀疑、不安、焦虑和后悔。因此我们提出以下假设：

H5a：购后期望不一致对于产品失调具有显著性正向影响。

H5b：购后期望不一致对于情绪失调具有显著性正向影响。

（三）购后失调与合理性退货关系

购后失调的内在本质是购买者后悔，这是消费者在后悔购买时所经历的一种强烈的负面情绪。当考虑到如果作出不同的购买决策将会有不同的结果，消费者可能会后悔购买了一个不该买的品牌或者后悔没有购买那个被放弃的品牌；当他们在时间紧迫或信息不足的情况下作出购买决定时，情况尤其如此。

当他们接触到购买品牌的负面信息或者被放弃品牌的正面信息时，也会产生后悔（Tsiros & Mittal，2000）。因此，正如前面所讨论的，即使消费者对产品并非不满意，他们也可能会经历购后失调。根据认知失调理论，顾客出现认知失调后，会采取一定行为来减少心理不适感，与50年前费斯廷格那个年代的营商环境不同的是，当今企业不仅提供宽松的产品退货政策，而且产品退货作为一种社会规范在当今电子商务市场上也被广泛接受。如今的消费者在这种情况下，既不觉得有必要为自己的不当购买行为进行辩护，也不觉得有必要保留该产品，因此，他们更有可能通过产品退货来应对购后失调，而不是采用之前费斯廷格所提到的改变自己的认知来恢复心理平衡。因此，随着产品退货门槛的不断降低，消费者越来越多地将产品退货作为应对购后失调的可行策略，而不是其他选择。我国实施的2014年新版《消费者权益保护法》已经明确网购七天无理由退货，越来越多的商家通过购买退货运费险降低退货成本，也愿意接受来自顾客的合理退货要求。宽松的网购退货环境使得网购决策具有绝对可逆性，故当出现认知失调时，很多顾客会选择退货来减少其心里不舒服情感。由此，我们提出以下假设：

H6a：产品失调对于合理性退货行为产生显著性正向影响。

H6b：情绪失调对于合理性退货行为产生显著性正向影响。

H7：产品失调正向显著性影响情绪失调。

（四）退货成本与退货关系

网购产品失败后到底是保留还是退货，有时候取决于对退货成本的考虑，退货成本有金钱成本和麻烦成本两种。金钱成本是指有时零售商会对退货收取运费或补货费。即使零售商不收取此类费用，也还有一些未被注意到的麻烦成本，如消费者要步行或开车把产品送到快递服务点，重新包装并寄送给卖家。产品退货的麻烦成本是指与产品退货和退款过程相关的麻烦所产生的负效用，它们不涉及客户和卖家之间的现金转账（Davis et al.，1998）。退货的麻烦成本包括退款的等待时间、退货的不便和作出的努力及退货的距离（Su，2009）。与金钱成本相比，“麻烦成本”更难衡量，而且更加个人化、主观化和心理化，它还会因客户而异，从而在更大程度上影响客户的退货决策（Anderson E T，2009）。较高的麻烦成本可以减少客户使用某些渠道的机会主义退货行为（Shulman，2009），如对于体积较大的产品，这一成本可能更高，并且随着客户与实体店的距离增加而增加。即使产品不完全符合顾客的期望，这些成本也可以降低顾客退货的可能性。另外，如果购买的产品足够便宜，考虑到相关的麻烦成本，客户可能认为不值得退货（Sahoo et al.，2018）。客户更喜欢那些可以减少甚至避免退货时麻烦成本的渠道（Swinney，2011）。因此当顾客在网购退货过程中感知要额外付出的金钱和时间成本、要为退货付出额外的努力时，如果商品的价值相对于产品的退货成本来说不是很大，消费者可能就不会选择退货了。因此可以提出以下假设：

H8a：退货成本负向调节产品失调和合理性退货行为间的关系，退货成本越高，合理性退货行为就越低，反之，退货成本越低，合理性退货行为就越高。

H8b：退货成本负向调节情绪失调和合理性退货行为间的关系，退货成本越高，合理性退货行为就越低，反之，退货成本越低，合理性退货行为就越高。

基于以上文献回顾和研究假设，提出以下研究模型。

二、模型变量和数据收集

（一）问卷编制

采用问卷调查的方法来测量和检验模型假设，并依据文献一般原则和步骤对问卷进行设计。在网购心理契约违背测量量表的基础上，结合相关文献进一步提炼出各个维度测量指标，邀请两名在读营销博士对各个指标进行检测、修正。然后对量表进行前测并根据结果再次修正部分题项。最终形成了表 4-8 的各个指标内容及来源。

表 4-8　心理契约违背与合理性退货行为

维度	指标	题项	来源
感知信任违背	TB1	某平台上大品牌的商品辜负了我的信任，居然会卖出高仿品来	本书整理
	TB2	某平台直营店、旗舰店辜负了我的信任，居然会卖出水货	
	TB3	多年信赖的某平台也会出现货不对板的情况	
	TB4	某平台辜负了我的信任，高销量的商品竟然这么次，好评是刷出来的	
感知责任违背	RB1	出现问题时，商家、平台及物流间会互相推诿责任	
	RB2	商家推卸责任，对顾客不理睬	
	RB3	商家责任心不强	
感知承诺违背	CB1	商家赠品没有兑现	
	CB2	商家承诺补偿没兑现	
	CB3	商家承诺返运费后不兑现	
感知公平违背	FB1	买后就降价太不公平了，申请保价要收服务费	
	FB2	凭什么超过价保期就不保障	
	FB3	凭什么安装费还要我出	
	FB4	为什么我买的时候啥也不送，之后买就有送赠品	
期望不一致	IC1	该产品与我的生活方式不相符合	裴和帕斯万（Pei & Paswan，2018），本书修正
	IC2	该产品不符合我的需求	
	IC3	该产品与我喜欢的做事方式不相符合	
产品失调	PD1	感觉不需要	李明芳（2017），斯威尼（Sweeney，2000）
	PD2	感觉决策失误，买错了	
	PD3	感到被欺骗	
情绪失调	PD4	心里不舒服	
	PD5	感到失望	
	PD6	感到很气愤	
	PD7	感到很后悔	

续表

维度	指标	题项	来源
退货成本	RC1	网购退货要花很多时间	徐和杰克（Xu & Jacks，2019）
	RC2	退货申请手续太麻烦，过程很长	
	RC3	网购退货要花很多精力	
	RC4	网购退货不是很方便	
	RC5	网购退货运费较高	
合理性退货行为	LR1	因产品缺陷退货	裴和帕斯万（Pei & Paswan，2018）
	LR2	由于卖方的过错而退货	
	LR3	因改变主意而退货	
	LR4	因为在其他地方发现更低的价格而退货	

（二）数据收集

本节研究的是消费者网购失败的情境下进行合理性退货行为，调查对象是曾经有过网购退货经历的人。问卷关于消费者人口统计特征的题目中有一道关于消费者网购退货频率的题项，用来测试被试者退货经历，如果被试者选择从未进行过网购退货行为，则相应地删除该份问卷。采用这种方法的目的是确保调查对象符合本书的目标群体。问卷采用电子问卷形式，发布在国内最大的专业调研网上，采用的是调研公司的问卷样本服务。由于该样本来自全国各地不同层次人员，所以确保了问卷数据来源多样性和代表性。问卷共分两个部分：第一部分主要有感知心理契约违背、期望不一致、购后失调、退货成本及合理性退货行为等构念的测量指标题项；第二部分为消费者人口统计学特征调查，放在后面测试主要是尽量减少消费者对于个人敏感信息的抵触心理。所有测量题项都采用李克特 6 点量表，1 表示非常不同意，6 表示非常同意。

在删除一些未通过质量检测的问卷后，此次问卷调查共收了 380 份回交。其中，有 18 份问卷回答表明受访者从未退货，这些问卷不符合要求被删除。因此，实际有效问卷数量为 352 份，有效率约为 95%，问卷的人口统计学特征，如表 4-9 所示。

表 4-9　调查问卷人口统计特征

分类		数量	占比	分类		数量	占比
性别	男	158	45.0%	年龄	18 岁以下	2	0.5%
	女	194	55.0%		18~25 岁	75	21.3%
收入	3000 元以下	38	10.9%		26~30 岁	92	26.1%
	3000~6000 元	105	29.9%		31~40 岁	144	40.8%
	6001~1 万元	142	40.3%		41~50 岁	30	8.5%
	1 万 ~2 万元	57	16.1%		51~60 岁	8	2.4%
	2 万元以上	10	2.8%		60 岁以上	2	0.5%
学历	初中	2	0.5%	退货经历	从来没有	18	5.2%
	高中	13	3.8%		很少	132	37.4%
	大学专科	55	15.6%		偶尔	133	37.9%
	大学本科	247	70.1%		中等	40	11.4%
	硕士研究生及以上	35	10.0%		经常	29	8.1%

三、问卷信度、效度分析

当一份调查问卷中使用多个李克特问题，人们希望确定该量表是否可靠时，通常使用 Cronbach's α 值来检测该量表的可靠性或内部一致性。Cronbach's α 值一般在 0 与 1 之间，根据乔治和马洛里提供的经验法则：当 Cronbach's α 值 > 0.9 时信度最佳，Cronbach's α 值在 0. 8 和 0.9 之间时为良好，当 Cronbach's α 值在 0.7 和 0.8 之间为可接受，当 Cronbach's α 值在 0.6 和 0.7 之间为有问题，当 Cronbach's α 值在 0.5 和 0.6 之间为很差，当 Cronbach's α 值 < 0.5 为不可接受（George & Mallery，2003）。本研究的信度检验结果如表 4-10 所示，所有因子的 Cronbach's α 值均大于 0. 7，确认了量表的可靠信度。

表 4-10　各因子的 Cronbach's α 值

因子	修正后的测项个数	Cronbach's α 值
感知信任违背	3	0.803
感知责任违背	3	0.805
感知承诺违背	3	0.764
感知公平违背	3	0.743
期望不一致	3	0.761
产品失调	2	0.801
情绪失调	4	0.821
退货成本	4	0.854
合理性退货行为	2	0.822

在社会科学研究中通常使用 KMO 测试来确定用于因子分析的数据抽样的充分性，社会学家经常使用因子分析法来确保所用的变量确实是能够用来测量的特定的概念。所测量的统计值介于 0 到 1，越接近 1 越好。凯撒（Kaiser，1977）认为 KMO>0.9 是非常适合进行因子分析的，在 0.8 和 0.9 之间是优秀的，在 0.7 和 0.8 之间是中等的，在 0.6 和 0.7 之间是一般，在 0.5 和 0.6 之间是糟糕的，低于 0.5 是不可接受的。海尔等（Hair et al.，2006）建议接受值 KMO>0.5，0.5 到 0.7 为一般，0.7 到 0.8 的值很好。

本研究首先使用最大方差旋转的主成分分析法检验量表效度。在 SPSS22.0 中对样本的数据进行运行后得到的 KMO 值为 0.840，巴特利球形检验的结果在 p=0. 000 的水平上显著，数据结果表明样本数据适合进行主成分分析，旋转后的主成分分析结果如表 4-11 所示。主成分分析提出的特征值大于 1 的因子共有 9 个，方差解释率为 64.917%，且每个测度项在其相关联的变量上的因子负载值都大于 0.5，交叉测度项的因子负载小于 0.5，表明量表具有较好的收敛效度（曹玉枝，2012）。

表 4-11 最大方差旋转的主成分因子分析

因子	成分								
	1	2	3	4	5	6	7	8	9
RC2	0.851	0.048	0.093	−0.037	−0.090	0.048	0.178	0.004	0.090
RC3	0.832	0.082	0.083	0.091	0.040	0.035	−0.033	0.059	−0.029
RC4	0.804	0.193	0.094	0.202	0.025	0.067	0.060	0.013	−0.034
RC1	0.780	−0.068	−0.036	−0.048	0.139	0.146	0.134	0.053	0.091
RB2	0.064	0.858	0.104	0.122	0.195	−0.004	0.067	0.040	0.072
RB3	0.077	0.763	−0.002	0.006	0.152	0.120	0.201	0.099	0.123
RB1	0.071	0.731	0.170	0.095	0.068	0.019	0.262	−0.040	−0.008
ED1	0.047	−0.046	0.859	0.083	0.075	0.080	0.292	0.097	0.028
ED2	0.108	0.179	0.759	0.084	0.237	0.062	−0.202	0.066	0.034
ED4	0.006	0.045	0.722	0.083	0.003	0.185	0.078	0.503	0.084
ED3	0.044	0.016	0.720	0.202	0.070	−0.021	−0.071	0.042	0.105
IC1	0.075	0.066	0.016	0.881	0.020	0.082	0.051	0.054	−0.012
IC3	0.068	0.019	0.172	0.875	−0.006	0.077	0.002	0.086	−0.043
IC2	0.061	0.045	0.035	0.797	0.072	0.109	−0.113	0.050	0.082
TB3	0.061	0.174	0.139	0.059	0.850	0.015	0.074	0.076	0.080
TB4	−0.023	0.140	0.100	0.098	0.845	0.023	0.077	−0.014	0.187
TB1	0.073	0.194	0.006	0.168	0.785	−0.049	0.040	0.086	0.202
FB2	0.144	−0.026	0.121	0.059	0.114	0.825	0.069	0.002	−0.070
FB3	0.133	0.114	−0.028	0.049	0.027	0.786	−0.008	0.148	0.108
FB4	−0.044	0.032	0.185	0.163	−0.107	0.747	0.052	0.070	−0.063
CB3	0.002	0.029	0.118	0.035	0.039	0.055	0.826	−0.041	0.175
CB2	0.136	0.026	−0.026	0.152	0.176	0.041	0.786	0.117	0.041
CB1	0.157	0.048	−0.094	0.042	0.070	0.044	0.702	0.161	−0.148
PD1	0.111	0.003	0.124	0.188	0.089	−0.016	0.096	0.804	−0.081
PD2	−0.003	0.084	0.189	0.168	0.027	0.199	0.015	0.791	0.150
LR1	0.037	0.068	0.099	0.108	0.082	0.005	0.076	−0.081	0.870
LR2	0.059	0.098	0.018	−0.062	0.251	−0.017	−0.023	0.168	0.753

四、验证性因子分析

本研究采用偏最小二乘（PLS）方法验证假设模型。和其他的结构方程模型方法相比，PLS 方法对样本规模要求不高，适用于小样本分析，且对数据没有正态分布的要求，并能有效克服多重共线性问题（Chin，1998）。PLS 是一种非参数估计过程，支持探索性和验证性研究，它寻求在假设的结构方程模型中最大限度地解释内生变量的方差（Lohmoller，1989）。PLS 测试使用一系列普通最小二乘回归检验模型及其相关假设（Ringle et al.，2005）。为了评估模型，需要进行几项测试来建立维度的收敛性和区分效度（Bollen，1989）。当各指标的因子负荷与其预期因子至少为 0.4 时，证明了收敛有效性；量表信度则要求 Cronbach's α 值大于 0.7，每个构念的 AVE 值大于 0.5（Gefen & Straub，2005；Powers & Jack，2013）。

基于以上关于偏最小二乘法测试特点的分析，本研究使用 SmartPLS 3.2.8 软件对测量模型进行验证性因子分析，分析的结果如表 4-12 所示。各变量对应的因子载荷都在 0.7 以上，各因子的抽取的平均方差（Average Variance Extracted，AVE）值在 0.6 以上，复合信度（Composite Reliability，CR）在 0.8 以上表明各个变量的构念信度良好。

表 4-12　因子载荷、CR 及 AVE 值

因子	测量项	标准化因子载荷	组合信度（CR）	平均提炼方差（AVE）
CB	感知承诺违背	0.832	0.862	0.677
FB	感知公平违背	0.843	0.834	0.638
IC	期望不一致	0.764	0.863	0.678
LR	合理性退货行为	0.702	0.837	0.722
PD	产品失调	0.774	0.841	0.780
ED	情绪失调	0.743	0.838	0.665
RB	感知责任违背	0.805	0.885	0.720
TB	感知信任违背	0.731	0.847	0.654

判别效度的检验可以通过比较各因子的 AVE 值的平方根与它和其他因子的相关系数的大小进行。当 AVE 值的平方根大于其各个因子的相关系数时，说明判别效度较好。表 4-13 显示了各因子的 AVE 的平方根（对角线上）大于各因子的相关系数，表明因子间判别效度较好。

表 4-13 因子 AVE 值平方根与因子间相关系数矩阵

因子	CB	ED	FB	IC	LR	PD	RB	TB
CB	0.826	—	—	—	—	—	—	—
ED	0.287	0.751	—	—	—	—	—	—
FB	0.320	0.368	0.799	—	—	—	—	—
IC	0.295	0.468	0.275	0.824	—	—	—	—
LR	0.121	0.174	-0.031	0.142	0.852	—	—	—
PD	0.201	0.471	0.288	0.422	0.070	0.872	—	—
RB	0.557	0.315	0.166	0.299	0.219	0.172	0.849	—
TB	0.474	0.424	0.164	0.458	0.355	0.249	0.448	0.809

五、假设检验

本研究采用 SmartPLS3. 2.8 计算路径系数，并用 bootstrapping 再抽样方法计算系数的显著性。模型的结果如图 4-2 所示。图中包含了路径系数和显著性。假设检验的结果表明，假设 H2a、H2b 和假设 H6a 的结果，不显著，这三个假设没有得到支持，表明承诺违背对于产品失调和情绪失调影响不大，产品失调对合理性退货行为的假设没有得到支持。假设 H1a、H1b 信任违背，假设 H3a、H3b 责任违背，假设 H4a、H4b 公平违背和假设 H5a、H5b 期望不一致对产品失调和情绪失调的假设都得到了支持。假设 H6b 情绪失调对合理性退货行为影响得到了支持，假设 H7 产品失调正向影响情绪失调也得到了支持。

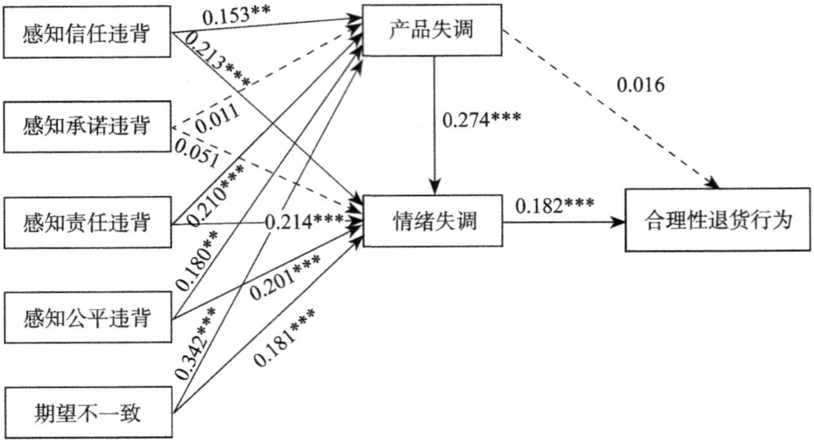

图 4-2　结构方程检验结果

*** 表示在 0.01 水平显著；** 表示在 0.05 水平显著。

六、调节作用检验

在上述基准模型检验的基础上，本书对退货成本的调节作用进行检验。对调节作用的检测通常采用如图 4-3 所示的方法，即检验自变量和调节变量的交叉项 $X \times M$ 对因变量 Y 的回归系数是否显著，或检验加入交叉项前后的回归方程的 R2 变化是否显著（温忠麟等，2005）。

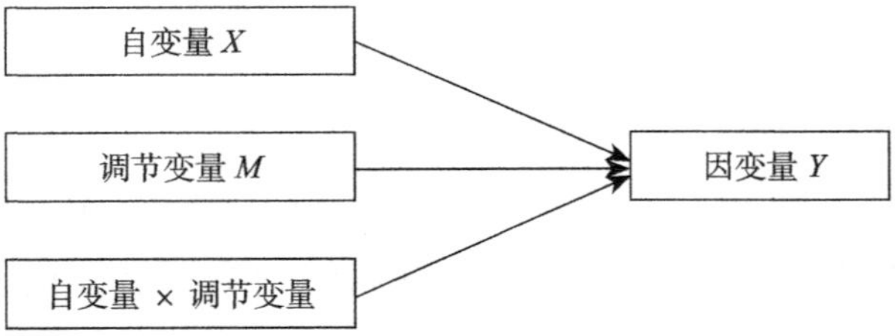

图 4-3　调节作用检测示意

退货成本的调节作用分析。本研究将网购退货成本作为连续变量，与网购购后情绪失调的交互作用进行回归分析，其结果如表 4-14 所示。网购退货成本与购后情绪失调的交互项对合理性退货行为的回归系数为 –0.106，*P* 值显著，说明退货成本在情绪失调和合理性退货行为关系中的调节作用显著，退货成本与合理性退货行为呈负相关关系，退货成本越高，合理性退货行为就越低，反之亦然。因此假设 H8a 得到支持，而因为产品失调对合理性退货行为的主效应不显著，因此退货成本对产品失调与合理性退货行为间的调节作用不显著，所以 H8b 未被支持。

表 4-14　退货成本的调节效应分析

变量	模型一	模型二
情绪失调 ED（自变量）	0.194***	0.183**
退货成本 RC（调节变量）	0.066	0.066
交互作用 ED×RC	—	–0.106**
R^2	0.048***	0.051
ΔR^2	—	0.013
ΔF	5.192***	0.650

* 表示 $P<0.05$；** 表示 $P<0.01$；*** 表示 $P<0.001$。

本研究假设检验最终所呈现的结果如表 4-15 所示。

表 4-15　假设检验结果

假设	路径	假设内容	路径系数	*T* 值	*P* 值	支持（是 / 否）
H1a	TB → ED	感知信任违背显著性正向影响购后情绪失调	0.213	3.165	0.002	是
H1b	TB → PD	感知信任违背显著性正向影响购后产品失调	0.153	1.980	0.043	是
H2a	CB → ED	感知承诺违背显著性正向影响购后情绪失调	0.051	0.635	0.525	否
H2b	CB → PD	感知承诺违背显著性正向影响购后产品失调	0.011	0.120	0.905	否
H3a	RB → ED	感知责任违背显著性正向影响购后情绪失调	0.214	1.983	0.014	是
H3b	RB → PD	感知责任违背显著性正向影响购后产品失调	0.210	1.957	0.015	是
H4a	FB → ED	公平违背显著性正向影响购后情绪失调	0.201	3.033	0.002	是

续表

假设	路径	假设内容	路径系数	T 值	P 值	支持（是 / 否）
H4b	FB → PD	感知公平违背显著性正向影响购后产品失调	0.180	2.256	0.024	是
H5a	IC → ED	期望不一致显著性正向影响购后情绪失调	0.181	2.384	0.017	是
H5b	IC → PD	期望不一致显著性正向影响购后产品失调	0.342	3.978	0.000	是
H6a	PD → LR	购后产品失调显著性影响合理性退货行为	0.016	0.174	0.862	否
H6b	ED → LR	购后情绪失调显著性影响合理性退货行为	0.182	2.351	0.019	是
H7	PD → ED	购后产品失调显著性影响购后情绪失调	0.274	3.597	0.000	是
H8a	—	退货成本在购后情绪失调和合理性退货行为间的显著性调节关系	—	—	—	是
H8b	—	退货成本在购后产品失调与合理性退货行为间的显著性调节关系	—	—	—	否

七、研究结果

本实证研究针对消费者网购中比较普遍的退货现象，在经过质的研究后形成了网购失败外部归因，为消费者感知心理契约违背和内部归因为购后期望不一致，并开发出心理契约违背四个维度，而心理契约违背并不一定就会直接导致消费者退货行为。通常消费者在购后都会经历购前的认知信念、购前期望与购后实物间实际感知之间的差异，这种差异会产生一个产品失调和情绪失调阶段。购后失调成了消费者感知心理契约违背和合理性退货间的中介作用机制。模型中大部分研究假设通过了实证检验，表明了心理契约违背和购后失调能够成为解释消费者合理性退货行为的原因。具体的结果如下：

（1）消费者合理性退货的前置因素，感知心理契约违背的四个维度中感知承诺的违背与购后产品失调和情绪失调间的影响效果不显著，并不能直接导致消费者退货行为。感知责任违背、感知信任违背和感知公平性违背会显著性影响消费者购后产品失调和情绪失调。说明在网购远程虚拟购物情境中，商家的勇于承担责任、诚实守信和公平交易行为对于减少购后失调会产生重要的影响，而网络零售商的欺骗行为、盗图行为、虚假促销行为、虚假广告、虚假好评、销售假冒伪劣产品等各种不诚信行为则是产生消费者购后产品和情绪失调的主要原因；而来自消费者自身原因的期望不一致也是容易导致购后产品失调和情绪失调的另一个重要因素。

（2）相比于传统实体店购物场景，购后失调在网络购物环境下尤其明显。由于网络购物呈现两个分离阶段：一个是购买决策和货物交付两阶段的分离，另一个是信息确认到实物确认两阶段的分离。这种分离状态会容易产生产品失调和情绪失调。产品失调主要体现在对产品选择决策的判断上，而情绪失调则体现在购后愤怒、后悔等负面情绪的出现。从实证研究的结果发现，产品失调会导致情绪失调，产品失调本身并不会直接导致退货行为的发生，而是通过情绪失调来起作用，情绪失调对于购后合理性退货行为则有显著性影响。

（3）网购退货成本与情绪失调的交互效应的系数为 –0.106，*P* 值显著，说明网购退货成本的调节作用显著，对退货行为的选择起到非常大的影响作用。退货除了要付出一定的金钱成本外，时间成本和麻烦成本也是消费者比较担心的一个考量。特别是那些价值不是很高的产品，考虑到退货运费成本和麻烦成本，消费者往往宁愿保留产品，也不想费力去进行退货。

第四节　本章小结

本章在第三章扎根理论方法所构建的网购退货行为取向模型基础上，针对营销领域目前对电子商务中心理契约违背研究不足问题，作进一步质的分析，界定了网购情境中的感知心理契约违背的维度并开发了测量量表，在购后失调理论的基础上构建了网购合理性退货行为的理论模型，并运用调研数据进行论证。研究结果发现：消费者网购失败后通常会进行责任的内外归因，当消费者把购物失败归咎于外因时，就会从心理契约违背角度对商家和平台进行责任、承诺、信任、公平四个方面的认定。而当消费者把购物失败归因于内因时，消费者往往会从自身购物决策、涉入度和期望值等方面进行反思。实证结果表明感知心理契约违背四个维度中的感知责任、信任和公平违背维度对顾客购后产品失调和情绪失调产生了显著性影响，而感知承诺的违背并不会导致购后失调和退货行为发生。消费者期望不一致也是导致购后失调和退货行为发生的另一个重要原因。研究还发现，认知失调的两个维度并不都对产品退货行为产生影响，产品失调对合理性退货行为的影响不显著（*P* 值为 0.862），情绪失调对于合理性退货行为影响效果显著（*P* 值为 0.019），而产品失调对情绪失调的直接效应为 0.274，呈现显著性正相关关系（*P* 值为 0.000）。这一点正好印证了文献所说的产品失调通过情绪失调影响退货行为的结果（Elliot & Devine，1994），同时还证实了文献中提出的认知失调的二维本质（Sweeney，2000），并与认知失调会激发一种消极状态的观点相一致。这种消极的状态会促使个人去缓解这种状态（Cooper & Fazio，1984）。根据实证的结果，产品退货确实是顾客试图减少认知失调的一种手段。因此，对于试图减少退货率的零售商来说，必须努力减少可能诱发情绪失调或产品退货的任何相关的问题，这些问题的解决可能包括开诚布公地告知该产品的正常使用或限制性使用的相关信息，做到不夸大、不瞒报、不刷好评，履行好售后客户服务等各种责任和义务，加强购后沟通和协调，促进问题解决，化解消费者负面情绪，从而减少消费者购后失调和退货行为。

第五章　机会主义退货行为研究——计划行为理论视角

尽管电子商务中的退货现象越来越普遍，但大多数消费者认为自己的退货行为是合理性的退货行为，网购退货行为也逐渐成为了一种普遍现象，然而，零售商和在线平台的宽松退货政策也被证明是高退货率的诱因，为部分消费者滥用退货政策、滋生各种机会主义行为提供了肥沃的土壤，这可能使零售商付出的代价大于宽松的退货政策带来的好处（Kumar，2009）。国内对于机会主义行为文献研究大多是在供应链管理领域从供应商与买方间的机会主义成本和收益理论角度，以及研究市场主体中企业欺骗、违背契约关系等行为。在电子商务领域研究机会主义行为的文献也大多集中于电子零售商的机会主义欺诈行为，很少有文献研究消费者机会主义退货行为，这可能与中国营销环境有关。退货行为的研究在电商发展之前不是一个引起人们兴趣的话题，不像欧美等成熟市场，激烈的竞争迫使企业广泛地提供宽松的退货政策，导致大量的退货现象发生。中国传统实体店退货制度一直是比较严格的，只有产品出现质量问题、有缺陷时才能退货，退货程序比较麻烦，消费者买到假冒伪劣产品时候往往都要经历漫漫的维权之路。所以退货现象在电商出现之前就不是一个研究的热点问题。2014 年实施的新版《消费者权益保护法》明确规定电商 7 天无理由退货制度。宽松的网购退货环境极大地促进了电子商务快速发展，伴随而来的是大量退货现象。而机会主义退货现象也随着 2019 年 5 月 11 日《北京青年报》的一篇女子淘宝网买 18 件衣服旅游后退货，报道第一次走进公众视野，成为了网络发酵的热点现象，网民争议的焦点是该女子的这种行为是否符合无理由退货制度，是否牵涉到消费者的网购道德诚信问题和平台的契约精神，如果该行为符合电商平台退货制度，则该行为不应该受到大众舆论的口诛笔伐。

第一节　研究的理论基础

一、机会主义行为

对于机会主义行为经济学给出了很好的解释，认为它是一种损人利己的行为。人是追求自身效用最大化的理性经济人，效用最大化既包括追求物质财富最大化，也包括追求名利、地位等非财富最大化；所谓“理性”是指能充分了解自己的利益，并能采取正确的措施使自己的效用最大化。新制度经济学家威廉姆森认为，人们总是在经济活动中尽力保护和增加自己的利益，自私而贪婪，只要有机会就会损人利己。有两类损人利己的行为：一种是在追求个人利益的过程中附带地损害了他人的利益，如化工厂的废水污染了河流；另一种是以牺牲他人利益为代价的纯谋利行为，如欺骗和偷窃。机会主义行为使各种社会经济活动陷入混乱，造成了巨大的资源浪费，给社会带来了不可估量的损失，阻碍了社会的发展（张文健，孙绍荣，2007）。

（一）企业间机会主义

大量学者对渠道关系中的机会主义行为进行了卓有成效的研究，主要从交易和关系的角度探讨了机会主义行为的预防和治理。从交易的角度主要是基于新制度经济学的交易成本理论，在高度不确定的环境中双方可以通过签订合同来降低交易成本，具体措施包括加强监督、奖励合规行为和惩罚违规行为，双方也可以投入专用资产、提高转换成本来促使双方相互依赖，还可以采用企业垂直或水平关系方法等。以上措施从交易层面为预防和管理的机会主义行为提供了有益的参考。从关系的角度来看，学者们认识到仅从经济交易的角度来分析机会主义行为的弊端，开始大量研究从社会属性与合作观点来探讨防范机会主义行为的产生（郑欣，2017）。

1. 交易成本理论视角

交易成本理论是研究包括机会主义行为在内的各种组织行为的重要理论基石，罗纳德·科斯（Ronald Coase，1937）最早在他著名的论文《企业的性质》中提出了决定企业是生产还是购买决策的边界问题；根据交易成本理论，企业往往会出于自身利益而进行机会主义行为。在可行的、有益的、监管有限的情况下，企业会进行机会主义行为。基于该理论的机会主义行为研究主要集中于机会主义行为的两个主要前置变量：专项投资和不确定性。

专项投资是指企业对特定的合作伙伴或合伙企业进行的高度专业化、持续性的投资，包括有形资产（制造商的设备、专用工具、机械）的投资和无形资产（隐性知识、专业知识、能力）的投资，如果这种关系破裂，投资者将遭受巨大的沉没成本。交易专项投资和机会主义行为一直是组织间关系研究的重要问题。根据交易成本理论，不确定性容易导致渠道成员的机会主义行为，这种不确定性可分为环境不确定性和行为不确定性，即绩效无法事先确定，事后难以衡量。

2. 关系契约理论

关系契约理论认为关系治理可以在交换关系中增强或取代契约治理（Macneil，1978）。更重要的是这一理论认识到一种关系的历史和社会背景会影响交易的组织方式（Heide，1994）。关系契约主要通过关系规范发生，它指定交换关系中可接受的行为（Lusch & Brown，1996）。这一理论的主要前提是交易伙伴的长期利益比单一离散的交易的回报更为重要。与机会主义相关的关系契约变量包括对规范、沟通和关系质量的分析。关系规范承认并强调了双方从关系中获得的长期价值，从而限制了各方自私利益追求的行为。

因此，关系规范的制定应与交换关系中的机会主义负相关，交易伙伴之间的沟通减少了信息不对称，莫尔和内文（Mohr & Nevin，1990）认为沟通可以增强联合规划和目标一致性。当一方认为某一行动对自己有利，且最符合其交易伙伴的利益时，目标一致性就产生了（Anderson，1988），即使在交换关系中存在弱点，目标一致性也是有可能限制机会主义的（Wathne & Heide，2000）。在关系质量方面，现有的研究表明机会主义行为如逃避约定的义务、强迫重新谈判、扭曲信息等会损害关系质量（信任、承诺和满意）。

（二）消费者机会主义

买卖关系中存在机会主义行为，即一方利用买卖关系改善自己的地位而损害另一方的利益。之前的研究主要从企业对企业的背景来考察买卖关系中的机会主义（Wathne & Heide，2000），同样的机会主义概念也适用于零售消费者，如果给他们机会，他们可以根据自己的利益行事（Harris，2010）。消费者的机会主义可能是在购前或购中就预谋好要退货的，很可能出现在对成功有很高期望的情况下（Joshi & Arnold，1997）。顾客一次性购买产品，然后出于投机取巧和不道德的原因退货，这种情况并不罕见（Seiders & Berry，1998）。然而营销中研究顾客机会主义退货现象的文献却不是很多，一般都是对退货行为做调查，且大多数为定性研究，缺乏实证研究。哈里斯（Harris，2010）通过对服务人员和客户进行深度访谈总结出顾客欺诈性退货行为的十个推动因素：客户退货政策知识、利用关系纽带、审时度势、选择合适的产品、互动方式、缺乏自我意识、假装人际关系、产生愉快互动、过往成功的欺诈退货经验、锁定特定类型雇员。阿玛西亚和沙（Amasiatu & Shah，2014）使用学术文献和灰色文献来对电子零售业中账户持有人或客户本人实施欺诈行为的动机和性质进行深入的研究。谢（Hsieh，2012）探讨了电商退货服务中顾客感知机会主义的存在、作用和隐含的问题，提出了一个理论框架，将退货政策和信息可信度与客户信任和黏性意图联系起来。弗朗（Pfrang，2015）从行为学角度出发，探讨如何运用社会规范和自我利益诉求等行为矫正方法来降低顾客机会主义退货行为。在线实验表明，这两种诉求都能降低消费者欺诈性退货概率。裴和帕斯万（Pei & Paswan，2018）通过实证将消费者的退货行为分为合法退货行为和机会主义退货行为两大类，发现冲动性、追求独特性、产品适切性、感知风险和社会影响等因素导致了合法退货行为，而不道德、自我监控、社会影响等因素导致了机会主义退货行为。

二、消费者伦理意识

伦理意识是指个体在作出伦理决策方法上的差异（Schlenker & Forsyth，1977）。福赛斯（Forsyth，1980）综合了三个理论流派（目的论、义务论和伦理怀疑论）关于伦理判断的主要观点提出了伦理立场理论。根据该理论，个体的伦理意识决定着他们在各种情况下的伦理判断和行动立场，而用来描述个体伦理判断差异的则是伦理意识的理想主义和相对主义两个评价维度。理想主义指的是一个人在出现伦理问题时作出正确决定的程度，理想主义个体相信通过正确的行动，理想的结果总是可以得到的。而相对主义指的是个体在面对道德问题时，拒绝制定或依赖普遍道德规则的可能性。理想主义和相对主义是解释个体间伦理差异的重要因素，这与道义论和目的论范式是一致的，道义论范式是基于个体行为本身，而目的论范式关注的是特定行为的后果；道义论的评价过程集中于行为本身的对与错，不考虑其后果，而目的论的评价过程集中于决策情况下各方带来的后果。电子商务情境下个体的网购退货行为表现出来的差异与每个人道德哲学和伦理意识有关，理想主义和相对主义伦理意识可以被认为是解释个体在面临机会主义退货伦理时出现判断差异的关键变量。

三、计划行为理论

（一）计划行为理论概念的发展

计划行为理论（theory of planned behavior）是由伊塞克·艾奇森（Icek Ajzen）开发出来的，用于帮助预测和解释人们在特定情况下的行为，是在艾奇森和菲什拜因（Iced & Fishbein）的理性行为理论基础上发展起来的。根据理性行为理论，态度和主观规范指导行为意向，行为意向又决定行为。然而，艾奇森很快意识到，理性行为理论未能完全解释个体有限意志控制下的行为，只适用于受自己控制的行为。计划行为理论将意志控制视为一个变量，根据定义，意志控制意味着一个人必须有资源、机会和支持来实施特定的行为，因此增加了感知行为控制变量。根据计划行为理论模型，行为意愿有三个决定因素，包括态度、主观规范和增加的感知行为控制。该理论认为特定的信念影响特定的行为感知和实际行为，行为意愿是预测行为的最有影响力的预测因子，人们总是做他想做的事情。计划行为理论是解释和预测行为最具影响力的理论之一，在预测和解释人类行为方面享有相当高的声誉（Ajzen，1985），已被应用于预测人类各种各样行为，包括消费者行为、技术采纳行为、健康相关行为（如饮食、饮酒、吸烟、减肥等）、学生学习行为、交通安全行为、环保行为、娱乐休闲行为等。

（二）计划行为理论中的主要变量

行为意向（behavioral intention）。行为意向是个人准备从事某一特定行为的倾向，表达是否要采取某项行为的程度。个人从事行为的意向可以准确地预测行为，如果行为完全在一个人的控制之下，他们就应该按照自己的意愿行事。强烈的行为意向与个人完全控制的行为相关。当人们认为自己无法完全控制自己的行为时，他们的行为意愿就会降低。

感知行为控制（perceived behavioral control）。感知行为控制指的是个体作出决策的自我效能程度及他们对决策的可控性感知，是人们对自己执行某一特定行为的能力感知。这个构念包含个人与某个相关联的特定任务或行为的可感知的容易或困难度。在计划行为理论中，感知行为控制是由对可能促进或阻碍行为表现的、可控的因素总集合所决定的。

主观规范（subjective norms）。主观规范是一个人在从事特定行为时感受到的社会压力，可能来自特定的人，如朋友或家人，也可能来自大学校园或运动队等群体，是基于对一种行为发生频率的感知和对这种行为认可的感知。艾奇森建议在测量主观规范时应该同时使用指令性规范和描述性规范。指令性规范指的是人们对特定情况下什么是必须要做的信念；相反，描述性规范指的是在特定情况下大多数人都会做什么，“描述”在社会环境中可能流行的事物，并基于对社会群体中大多数成员所做事情的看法。

行为的态度（attitude toward the act）。行为的态度（或对行为的态度）是行为意向的另一个预测因素。行为的态度是个人对实施某项行为表现出积极或消极评价的程度。行为态度的形成可从个人实行特定行为的显性信念（salient beliefs）和结果评估（outcome evaluations）两个层面解释。

行为信念（behavioral beliefs）。行为信念指的是相信从事某种行为会导致积极或消极的结果。行为信念将行为的兴趣度与预期结果联系起来，是行为将产生特定结果的主观概率。行为信念基于个人经验、信息来源和推论，这些显性的信念必须在记忆中容易获取。

规范性信念（normative beliefs）。表明重要的人赞同或不赞同某一特定行为的信念。规范信念的评估遵循与行为信念相似的模式，使用两个调查题项：规范信念的强度和遵从的动机。所有规范性信念的复合物被归纳成认知结构，用于预测主观规范。

控制信念（control beliefs）。控制信念代表外部和内部因素，这些因素被认为是促进或阻碍某种行为的表现。控制信念是感知行为控制的前置因素，与感知存在可能促进或阻碍行为表现的因子有关。

计划行为理论结构模型如图 5-1 所示。

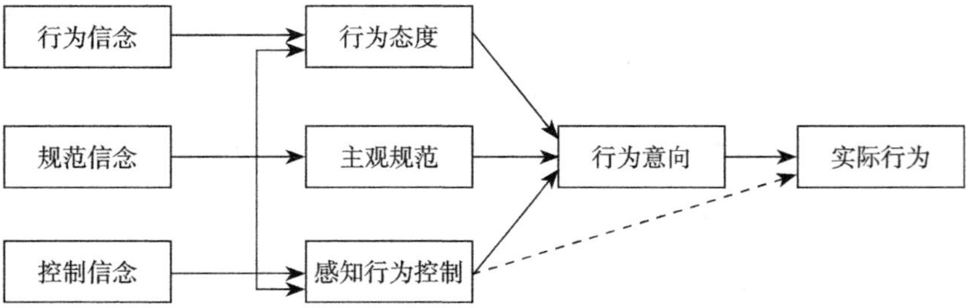

图 5-1　计划行为理论结构模型

第二节　模型与研究假设

一、消费者伦理意识与机会主义退货态度

伦理意识与机会主义的概念或自我利益的寻求直接相关。实际上，机会主义行为意味着交易一方单方面从事改善交易条件的行为，而不考虑对合作伙伴公司的后果（Wathne & Heide，2000）。正如科福德和彭诺（Koford & Penno，1992）所指出的那样："一个人的行为是否合乎道德，在某种程度上取决于他是在个人利益和他人利益之间求得平衡，还是在个人利益和道德标准之间取得平衡。"此外，麦克尼尔（Macneil，1981）认为，机会主义行为是那些"利用机会而不顾原则或后果"的行为，因此，选择追求自身利益而不是他人的利益是机会主义行为的主要特点。

长期以来，伦理学领域一直通过研究个体特征及其作出伦理决策的环境来研究伦理行为。就个体差异而言，他们似乎一致认为个体道德品质是连续的，因此，个人特有的机会主义倾向是，一些人只是比其他人更有道德，而另一些人纯粹是利己主义与狡诈的。一方面，有些人可以完全出于利己主义而不顾对他人的影响；另一方面，有些人总是选择利他行动来促进社会利益（Parks & Smith，1998）。

消费者道德取向是指个体对待伦理问题所持有的价值哲学与判断标准，表明个体的伦理态度，指引个体的伦理行为，是个体文化风俗和自身固有价值观的产物（张娜，2015）。理想主义的人相信道德上会有一种正确的选择，不会伤害他人，他们关注自己行为的对错（Swaidan & Rawwas，2003）。理想主义的人在做道德决定时坚持道德绝对主义，从而会自觉地拒绝非伦理行为。相对主义个体考虑的是情境而不是被违反的伦理原则（Forsyth，1992）。可以认为，在道德意识的影响下，消费者的道德判断在很大程度上决定了消费者从事道德上有问题的行为意愿（Vitell et al.，2001）。然而，应该注意的是，相对的强调结果并不一定意味着相对的缺乏道德标准（Hunt & Vitell，1986）。相对主义意识形态认为除了相对主义原则之外，没有绝对的道德准则，只有在比其他可能的选择更能为所有人带来平衡的、积极结果的决定，才是正确的选择，因此这种决定可能会凌驾于个人的情感和体验之上（Vitell & Paolillo，2003）。因此我们提出以下假设。

H1a：理想主义伦理取向的消费者与机会主义退货态度呈显著性负相关的关系，理想主义伦理取向越强，机会主义退货态度就越弱。

H1b：相对主义伦理取向的消费者与机会主义退货态度呈显著性正相关的关系，相对主义伦理取向越强，机会主义退货态度就越强。

二、寻求消费刺激需求与机会主义退货态度

寻求刺激的需求是指消费者在购物的旅程中对产品的外观、功能、特性存在着猎奇、求新、求异和渴望刺激或冒险的需求。相较于发生在公开场所的传统实体店交易，在线购物属于比较私密、自我封闭的环境，对于自我控制力和伦理意识比较差的消费者，在消费过程中寻求刺激的欲望很容易诱导

他们从合理的消费决策延伸到不当行为的选择。金和丹尼斯（King & Dennis，2006）在他们的欺诈性退货研究中采用了参与式观察和访谈的方法，发现了参与者在虚假退货期间和之后获得“兴奋感”和表现出兴奋行为的证据，他们把这种欲望视为寻求刺激（Thrilling seeking）。社会学和人类学的理论早就认为，人类对冒险和刺激的需求构成了不端行为的基本动机。在消费的语境中，摩尔（Moore，1984）发现，孤独或独处的消费者会通过不当行为将快乐、兴奋和乐趣注入他们的生活。富勒顿和旁遮普（Fullerton & Punj，2004）认为这样的行为可以被理解为“享乐消费的反常变体”。这与早前西格尔（Siegel，1993）的观点相呼应，他认为欺诈性退货可以被看作是由消费者的体验享乐需求所驱动的。这一论点在哈里斯和雷诺兹（Harris & Reynolds，2004）对不正常顾客行为（dysfunctional customer behavior）的研究与雷诺兹和哈里斯（Reynolds & Harris，2005）对不合理顾客抱怨行为的实证研究中都得到了支持。雷诺兹和哈里斯（2004）得出结论，消费者的不当行为往往并非由财务原因所驱动的，而是由包括自我驱动、自尊需求和获取公众形象而采取的行动。雷诺兹和哈里斯（2005）在他们后期关于不合理投诉的著作中进一步阐述了这一点。他们发现，大多数不合理的投诉动机中，至少部分是非财政原因导致的。基于以上的文献分析，消费者网购中的机会主义退货态度的形成与消费者的享乐需求、喜欢追求消费刺激体验有关，因此我们提出以下假设。

H2：消费者寻求消费刺激需求会显著性正向影响机会主义退货态度的形成，也是导致机会主义退货行为发生的重要原因。

三、感知行为控制与机会主义退货态度

学术界有关感知行为控制影响行为态度的研究比较少，更缺乏成熟的理论来阐释二者的关系。笔者通过文献查阅发现邓新明（2012）在运用 TPB 理论对消费者伦理购买行为进行研究时，证实了感知行为控制对行为态度产生显著影

响。如前文所述，自我效能与感知行为控制二者意义相似，班杜拉（Bandura，1986）的自我效能理论认为自我效能影响人们的行为态度，周明建等（2011）研究认为自我效能感影响员工对工作的态度。当消费者感知到实施某种非伦理行为存在较大难度时，就有可能改变其对该行为的态度，如消费者认为在超市行窃比在超市随意拆包装更不伦理，可能是因为随意拆包装行为更容易实施且更不容易被发现。本书认为，零销网络购物情境下消费者的感知行为控制会正向显著性影响消费者机会主义退货态度。因此，本书提出假设。

H3：感知行为控制显著性正向影响消费者机会主义退货态度，进而影响消费者机会主义退货行为倾向，即消费者机会主义退货态度在感知行为控制与消费者机会主义退货行为倾向间有部分中介效应。

四、主观规范与机会主义退货态度

主观规范影响行为态度这一观点已得到了一些研究的支持。克雷和克罗南（Kreie & Cronan，1999）认为个人对某特定行为的态度会受到重要相关对象的影响；拉菲和克罗南（Rafee & Cronan，2006）的研究表明主观规范与行为态度二者之间并不是相互独立的，主观规范显著正向影响行为态度的产生；利姆和杜宾斯基（Lim & Dubinsky，2005）针对电子商务使用意向研究中发现主观规范显著影响行为态度；张（Chang，1998）在研究使用盗版软件行为时发现增加主观规范影响行为态度这一路径后 TPB 模型的拟合度更高；金等（Kim et al.，2008）的研究和希沃·柳（Seewon Ryu，2003）的研究分别在电子商务和知识管理领域证明了人们的主观规范显著影响其对某一行为的态度。上述研究均表明消费者所感知的重要相关对象对其执行某行为的看法会显著影响其对该行为的态度。事实上，社会心理学领域中的社会控制理论及认知失调理论都可以对主观规范影响消费者态度这一关系作出解释和补充；社会控制理论指出意愿是随着个人不断社会化而形成的，社会化的过程即是个体不断受到影响的过程，个体为了服从群体规范，保持与他身边重要个体或团队的一致性，会有意识地改变自身的行为态度；同时，认知失调理论认为当个体已有态度与行为出现背离时，个体有可能改变自身态度以减轻失调程度。举例而言，当消费者发现超市很多顾客都随意拆包装时，有可能使其淡化拆包装这种行为的错误性。因此，本书提出以下假设。

H4：主观规范显著性正向影响消费者机会主义退货态度，进而影响消费者机会主义退货行为，即消费者机会主义退货态度在主观规范与消费者机会主义退货行为倾向间有部分中介效应。

五、感知行为控制对机会主义退货行为的影响

当个体认为在某特定行为上，其所拥有的资源与机会越多、所预期的阻力越小，则其对该行为的知觉行为控制感就越强烈。知觉行为控制与行为意向之间的正向相关关系得到大量的实证支持（Hansen et al.，2004；Liao et al.，1999；Pavlou & Fygenson，2006），艾奇森（Ajzen，1991）指出个人知觉行为控制程度越高（拥有更多的资源、能力、机会，对自己实施某行为的能力越自信等），则其实施该项行为的意向越明显。自我效能理论能够对知觉行为控制与行为意向之间的关系作出解释；知觉行为控制是指个人感知到采取某一行为的难易程度，自我效能描述的是个体对其实施某项行为的能力的主观判断，两者具有相似的意义；班杜拉（Bandura，1986）提出自我效能理论，他认为个体对某行为的自我效能感越强，其实施该行为的可能性越大；当消费者具备实施机会主义行为的能力和机会时，其就可能产生行为意向（陈跃朋，2014）。因此，本书提出以下假设。

H5：感知行为控制显著性正向影响机会主义退货行为，即消费者对机会主义退货行为的知觉控制强度越高，则其实施机会主义退货行为的意向就越强烈。

六、机会主义退货态度对机会主义退货行为的影响

消费者对机会主义退货态度决定着机会主义退货意愿和行为。机会主义退货者的物质主义消费态度使得他们认为自己的这种不良行为给零售商带来的负面影响程度是有限的，如果消费者认为机会主义退货是无害的，这种行为就更有可能发生。福川（Fukukawa，2002）指出，如果对他人造成的后果被认为是有限的或最小的，消费者往往可以为道德上有问题的行为进行辩护。同样，斯特鲁顿等（Strutton et al.，1994）探讨了消费者如何为他们在消费过程中的不当行为进行辩护，他们称消费者会使用中和技术来消除他们因违反规范的行为对他们自我概念的负面影响。他们将马特扎（Matza，1957）提出的五种中和技术应用于道德上有问题的行为，发现其中四种技术（否认责任、否认受害者、否认伤害、谴责那些谴责者）被消费者认为是构成处置不道德行为更可接受的辩护理由。金和丹尼斯（King & Dennis，2003）通过研究发现欺诈性退货者经常声称此类行为的影响微乎其微，从而为这一理论提供了实证支持。因此我们得出以下假设。

H6：机会主义退货态度正向影响消费者机会主义退货行为，消费者越是认为机会主义退货对零售商没有显著影响，机会主义退货倾向就越大。

七、主观规范对机会主义退货行为的影响

机会主义退货行为的主观规范是指消费者决定是否进行机会主义行为所感知到的社会压力，重要的他人（如家人、朋友及其他人等）可以以积极和消极的方式影响一个人的行为（Johnson & Rhee，2008）。社会参照群体的影响可以导致行为规范（Fullerton & Punj，1993），不当行为可以从家庭成员或朋友那里学习（King & Dennis，2003）。更具体地说，计划行为理论认为对机会主义退货的行为意愿与社会群体影响力呈正相关关系（Johnson & Rhee，

2008)。因此，在本书中，大多数重要他人对机会主义退货行为所持的态度越正面，个体受到同样的影响而实施机会主义退货行为的概率就越高。因此，本书提出以下假设。

H7：主观规范显著性正向影响消费者机会主义退货行为意向。

基于以上文献分析和研究假设，提出如图 5-2 所示的研究模型。

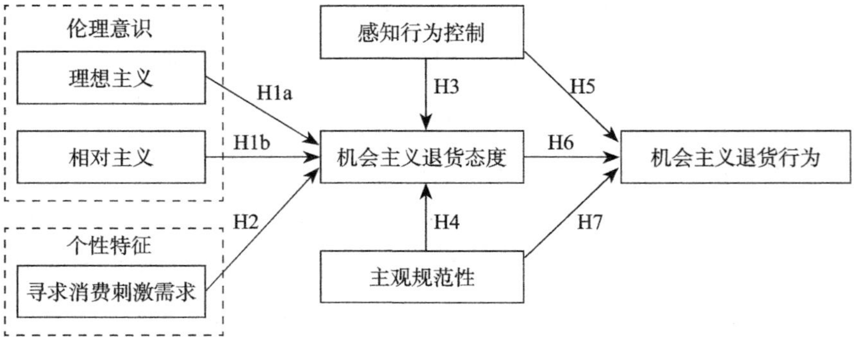

图 5-2　研究模型

第三节　量表设计与数据的收集

一、量表设计

本书采用问卷调查方法来验证假设模型，所有的变量测项都由文献而来，并作了适当的改编，保证了问卷的内容效度。鉴于部分题项来源于英文文献，需要把它翻译成中文。为了保证翻译的准确性，首先邀请一名英语专家把它译为中文，然后再由另一位专家将中文回译成英文，然后比较翻译后的英文版本和原始英文版本，找出差异并进行修改，以使中文测项能够反映英文原始含义。设计好问卷后再邀请同行的专家对所有测项进行审阅把关、修改到满意为止。随后在大学生中发放 100 份初始问卷进行前测，淘汰不合理的题项，形成最终的正式问卷。正式调查问卷由两部分组成：第一部分调查各变量的测量指标，所有测项均采用李克特 6 点法，1 代表非常不同意，6 代表非常同意。各变量包含的测度项的个数及文献来源如表 5-1 所示。第二部分统计基本的人口特征，包括性别、年龄、退货经历和网购月开销等。

表 5-1　测量指标及来源

理想主义	ID1	每个人都应该确保自己的行为不会给别人造成即使是很小程度上的伤害	福赛斯（Forsyth，1980）
	ID2	我绝不会让别人去为我冒险，哪怕是很小的风险	
	ID3	不管为了何种利益，若有伤害他人的可能，这行为就是错的	
	ID4	每个人的行为都不该对他人造成心理或生理上的伤害	
	ID5	每个人都不应该作出任何可能威胁到别人尊严和幸福的行为	
	ID6	如果行为可能会伤害到无辜的人，那么就不要做了	
	ID7	以结果对自己是否有利来决定是否采取行动是不道德的	
	ID8	在任何社会中，人的尊严和福利应该是最重要的	
	ID9	绝对没有必要去牺牲他人的福利	
	ID10	道德的行为就是与最“完美”行为理念相匹配的	
相对主义	RE1	没有一条伦理原则是放之四海而皆准的	福赛斯（Forsyth，1980）；阿尔里和利奥（Arli & Leo，2017）；张娜（2015）
	RE2	所谓道德，会因情境和社会不同而不同	
	RE3	道德标准是具有很强的个人主义的；一个人认为道德的东西另一个人可能会认为不道德	
	RE4	不同的道德不可以用“对”与“错”来进行比较	
	RE5	对于“什么是道德”的问题，每个人都永远解决不了，因为对于道德或不道德的看法会因人而异	
	RE6	道德标准只是个人的行为规范，并不适合用于去评断他人的行为	
	RE7	道德的考虑在人际关系中是非常复杂的，应该允许个人按照自己的行为准则来行事	
	RE8	道德上禁止某类行为会妨碍人际关系的改善和调节	
	RE9	没有规定说不能说谎，允不允许说谎完全依情况而定	
	RE10	判断谎言是道德的还是不道德的，取决于行为时的情境	

续表

寻求消费刺激	TS1	我在外面餐馆吃饭时总喜欢尝试最具特色的菜	哈里斯（Harris，2008）
	TS2	我认为尝试新产品是一种探索而不是冒险	
	TS3	我是那种任何新产品都想尝试下的人	
	TS4	我宁愿选择熟知的品牌，也不愿尝试新的（r）	
	TS5	我在尝试新产品时会很谨慎（r）	
	TS6	我期待每次购物之旅，那都很令人兴奋	
感知行为控制	PB1	我很熟悉大多数网店退货的规定	劳埃德・哈里斯（Lloyd C Harris，2008）
	PB2	我有过多次网购退货经历	
	PB3	我熟悉无理由退货政策，可以保护我退货时所享有的权利	
	PB4	我了解在什么情况下网店不会拒绝我的退货要求	
	PB5	网购退货很容易，我随便找个理由就可以要求商家退货	
机会主义退货态度	OA1	我也就救急用一下该商品，退货对商家没有什么影响	杰娜（Jena，2015）；劳埃德・哈里斯（Lloyd C Harris，2008）
	OA2	网店在赚我的血汗钱，我退货是应该的	
	OA3	商店的商品价格都会被标高过，足以弥补顾客因使用过或弄坏的商品退货的成本	
	OA4	把用过的或损坏的商品退货给商店几乎没有什么危害，商家会进行二次销售的	
	OA5	退回一本已读的书实际上并不损失商店任何东西	
	OA6	退回使用过或弄坏的产品要花费网店很多钱（r）	
主观规范性	SN1	我的朋友们都不赞同退回他们已经使用过或弄坏的产品（r）	劳埃德・哈里斯（Lloyd C Harris，2008）；裴智（Zhi Pei，2018）；杰娜（Jena，2015）
	SN2	我的家人都不赞同退回他们已经使用过的产品（r）	
	SN3	我周围的人都认为退回使用过或弄坏的产品是可以接受的	
	SN4	我的大多数朋友都认为，退回他们使用过或损坏的产品是可以的机会主义退货行为	
机会主义退货行为	OR1	把自己用过了或用坏了的商品退还给商家	裴和帕斯王（Pei & Paswan，2018）
	OR2	与家人或朋友分享过自己如何把用过或用坏的商品退掉的经历	
	OR3	由于手头不宽裕，拍些很贵的商品来体验几天就退掉	
	OR4	出门旅游前在网上多买几款时尚的服装进行拍照，旅游完了后就把它们退掉	
	OR5	从网上购买贵的衣服去参加朋友婚礼，参加完朋友的宴会后就退掉	

二、数据收集

本次问卷的收集主要是通过国内最大的调研公司问卷星提供样本服务，确保了问卷填写质量。共回收了 400 份问卷，问卷通过设计反向题目和填写问卷最低时间限制确保了被试人在填写过程中注意力是集中的、填写态度是认真的，发现不符合要求的问卷 13 份，实际有效问卷为 387 份，有效率为 96.8%。人口统计特征（表 5-2）显示：从性别来看，男性占 43.2%，女性占 56.8%。从年龄结构来看，本次调研对象主要为三个年龄段：18~25 岁占比为 57.9%，26~30 岁年龄段占 15.0%，31~40 岁年龄段占比为 20.4%。从网购月开支来看，40.1% 的人月开支在 200~500 元，26.6% 的人月开支在 500~1000 元，17.1% 的人为 200 元以下，这部分人群可能更多的是在校大学生群体，14.2% 的人开支在 1000~5000 元。从退货经历上来看，经常退货只占 5% 左右，一部分是偶尔退货，占 25.6%，很少退货占 60.2%。

表 5-2　调查问卷人口统计特征

分类		频数	占比 %	分类		频数	占比 %
性别	男	167	43.2	网购月开支	200 元以下	66	17.0
	女	220	56.8		200~500 元	155	40.1
年龄	18 岁以下	5	1.3		500~1000 元	103	26.6
	18~25 岁	224	57.9		1000~5000 元	55	14.2
	26~30 岁	58	15.0		5000 元以上	8	2.1
	31~40 岁	79	20.4	退货经历	从来没有	35	9.0
	41~50 岁	14	3.6	退货经历	非常少	233	60.2
	51 岁及以上	7	1.8		偶尔	99	25.6
					经常	20	5.2

第四节　人口统计变量影响分析

考虑人口统计变量有可能在网购机会主义退货行为中产生一定的影响。本研究采用独立样本 t 检验和方差分析方法来检验人口统计因子对相关变量所产生的影响，对性别变量采用独立样本 t 检验的方法，而对年龄、网购开支、网购退货率则采用单因素方差分析方法（李进军，2012）。

一、性别差异的独立样本 t 检验

独立样本检验适用于两个群体平均数差异的检验。因此，对性别产生的差异采取 t 检验的方法，即检验不同性别的消费者在理想主义、相对主义、寻求消费刺激、感知行为控制、机会主义退货态度、主观规范性、机会主义退货行为等变量中是否存在显著性差异。如表 5-3 所示，在 95% 置信区间，男女消费者在理想主义、相对主义、寻求消费刺激、感知行为控制四个变量上表现为没有显著性差异，而在机会主义退货态度、主观规范性、机会主义退货行为方面则存在显著性差异，其中男性均值都要显著性大于女性。

表 5-3　独立样本 t 检验

检验变量	性别	平均数	方差同质检验		t 值	是否存在显著性差异
			F 检验	P 值		
理想主义	男	4.9132	1.610	0.205	0.955	否
	女	4.9091				
相对主义	男	3.9621	2.343	0.127	0.978	否
	女	3.9591				
感知行为控制	男	4.1597	0.016	0.900	0.984	否
	女	4.1576				
机会主义退货态度	男	2.7497	9.127	0.003**	0.014*	是
	女	2.5082				

续表

检验变量	性别	平均数	方差同质检验		t 值	是否存在显著性差异
			F 检验	P 值		
主观规范性	男	2.4890	3.115	0.078	0.042	是
	女	2.2879				
机会主义退货行为	男	2.1054	6.285	0.013*	0.011*	是
	女	1.8527				
寻求消费刺激	男	3.9090	5.959	0.599	0.527	否
	女	3.9500				

*P<0.050，**P<0.010。

二、不同年龄组别的方差分析

在平均数差异检验中，若是分组变量的水平数值在三个以上，则不能采用 t 检验方法，应改为方差分析（ANOVA）。如表 5-4 所示，在 95% 的置信区间时，不同的年龄组别在理想主义、相对主义和感知行为控制方面存在着显著性差异；而在寻求消费刺激、机会主义退货态度、主观规范性及机会主义退货行为方面不同的年龄组别则没有体现出显著性差异。

表 5-4　年龄差异的方差分析

变量	方差同质性检验		均值差异检验 ANOVA		是否存在显著差异
	Levene 检验	显著性	F 值	P 值	
理想主义	1.879	0.097	2.808	0.017	是
相对主义	1.258	0.281	2.475	0.032	是
寻求消费刺激	1.023	0.404	0.307	0.909	否
感知行为控制	3.540	0.004	8.616	0.000	是
机会主义退货态度	0.862	0.507	0.981	0.429	否
主观规范性	0.686	0.634	1.056	0.385	否
机会主义退货行为	1.161	0.328	1.656	0.144	否

注：方差的同质性检验与均值差异检验的显著性均为 0.050。

以上的理想主义、相对主义和感知行为控制力在不同年龄段间存在显著性差异，至于是哪些配对组别间的差异达到显著性，需要进行事后比较（post hoc 检验）方能得知，研究假设没有得到支持的则不用进行事后比较。在经过以下 Scheffe 事后比较法检验发现，“理想主义”和“相对主义”并没有出现显著的成对组平均数差异。根据吴明隆的观点，Scheffe 法是平均数差异检验中较为严谨的一种方法，虽然以上“理想主义”和“相对主义”整体检验 F 值达到显著水平，但它们的显著性概率值 P 在 0.050 附近，会存在 Scheffe 事后比较法检验没有出现成对组平均数差异达到显著的情形。而“感知行为控制”变量在 Scheffe 事后比较法中出现了 18~25 岁年龄组显著性低于 26~30 岁年龄组和 31~40 岁年龄组的情形，如表 5-5 所示（本表只列出了具有显著性差异的配对组）。

表 5-5 多重比较 Scheffe 法

变量	比较方法	（I）年龄	（J）年龄	均差值（I~J）	标准误	显著性
感知行为控制	Scheffe	18~25 岁	26~30 岁	–0.693*	0.141	0.000
			31~40 岁	–0.646*	0.125	0.000

* 表示在 a=0.050 的显著水平上有显著差异。

研究发现：除了“18~25 岁”年龄组（主要是在校大学生），他们对于网购退货感知行为控制方面要显著性低于“26~30 岁”和“31~40 岁”年龄组外，不同年龄组别并未在消费者理想主义、相对主义、寻求消费刺激、主观规范性、机会主义退货态度和退货行为方面有显著性差异。

三、网购开支差异的方差分析

从表 5-6 消费者网购开支差异的方差分析来看，在 95% 的置信区间时，除了相对主义外，其他的变量均值检验都呈现显著性差异，但是其中理想主义 *P* 值为 0.019，寻求消费刺激 *P* 值为 0.018，主观规范性 *P* 值为 0.016，都在 *P* 值显著性概率 0.050 附近，需要做进一步进行事后比较（post hoc 检验），才能确定到底是哪些成对组别存在显著性差异。

表 5-6　网购开支差异的方差分析

变量	方差同质性检验		均值差异检验 ANOVA		是否存在显著差异
	Levene 检验	显著性	*F* 值	*P* 值	
理想主义	0.384	0.820	2.973	0.019	是
相对主义	0.098	0.983	2.311	0.057	否
寻求消费刺激	0.762	0.551	2.418	0.018	是
感知行为控制	1.254	0.288	16.588	0.000	是
机会主义退货态度	1.638	0.164	5.985	0.000	是
主观规范性	1.332	0.257	3.075	0.016	是
机会主义退货行为	2.939	0.020	3.857	0.004	是

注：方差的同质性检验与均值差异检验的显著性均为 0.050。

研究发现：消费者网购开支在消费者理想主义、相对主义和主观规范方面并没有显著性差异，但在感知行为控制方面，“200 元以下”组消费者明显低于其他四个组，“200~500 元”组也显著性低于“500~1000 元”组和“1000~5000 元”组；在寻求消费刺激方面，“1000~5000 元”组要显著性高于“200~500 元”组，“5000 元以上”组显著性高于“200 元以下”组和“200~500 元”组；而在机会主义退货态度和行为两个变量方面，月消费在“5000 元以上”组都要显著性高于其他四个组别，如表 5-7 所示。

表 5-7　多重比较 Scheffe 和 Tukey HSD 法

变量	比较方法	（I）您每个月用于网购开支	（J）您每个月用于网购开支	均差值（I－J）	标准误	显著性
感知行为控制	Scheffe	200~500 元	200 元以下	0.468*	0.136	0.020
		500~1000 元	200 元以下	0.984*	0.146	0.000
			200~500 元	0.517*	0.118	0.001
		1000~5000 元	200 元以下	1.094*	0.169	0.000
			200~500 元	0.626*	0.146	0.001
		5000 元以上	200 元以下	1.136*	0.347	0.032
机会主义退货态度		5000 元以上	200 元以下	1.502*	0.342	0.001
			200~500 元	1.538*	0.331	0.000
			500~1000 元	1.368*	0.335	0.003
			1000~5000 元	1.591*	0.345	0.000
机会主义退货行为		5000 元以上	200 元以下	1.277*	0.357	0.013
			200~500 元	1.274*	0.346	0.010
			500~1000 元	1.086*	0.350	0.049
			1000~5000 元	1.205*	0.361	0.027
寻求消费刺激	Tukey HSD	1000~5000 元	200~500 元	0.341*	0.121	0.041
		5000 元以上	200 元以下	1.237*	0.337	0.011
			200~500 元	1.264*	0.326	0.009

* 表示在 a=0.050 的显著水平上有显著差异。

四、网购退货频率差异的方差分析

从表 5-8 网购退货频率差异的方差分析来看，网购退货频率在理想主义、相对主义、寻求消费刺激和主观规范性方面 ANOVA 的 *P* 值都不显著，而感知行为控制的 *P* 值为 0.001，机会主义退货态度 *P* 值为 0.027，机会主义退货行为 *P* 值为 0.020，都存在显著性差异，但在 *P* 值显著性概率 0.050 附近，需要做进一步进行事后比较（post hoc 检验）才能确定到底是哪些成对组别存在显著性差异。

表 5-8　网购退货频率差异的方差分析

变量	方差同质性检验		均值差异检验 ANOVA		是否存在显著差异
	Levene 检验	显著性	*F* 值	*P* 值	
理想主义	0.422	0.737	2.330	0.074	否
相对主义	0.997	0.394	0.496	0.685	否
寻求消费刺激	1.337	0.262	0.315	0.815	否
感知行为控制	2.773	0.041	5.502	0.001	是
机会主义退货态度	3.667	0.013	3.106	0.027	是
主观规范性	1.587	0.192	1.514	0.211	否
机会主义退货行为	2.618	0.051	3.304	0.020	是

注：方差的同质性检验与均值差异检验的显著性均为 0.050。

表 5-9（本表只列出了具有显著性差异的项目）对于以上存在显著性差异的变量进一步的 post hoc 多重比较检验显示，消费者“从来没有”进行网购退货组与“非常少”组和“偶尔几次”组间存在显著性差异，“从来没有”组的感知行为控制要低于“非常少”组和“偶尔几次”组；在机会主义退货行为变量方面，“经常”退货组要显著性高于“非常少”组。

研究发现：消费者网购退货频率在消费者理想主义、相对主义、寻求消费刺激、主观规范性和机会主义退货态度等方面并没有显著性的差异；在感知行为控制方面，“从来没有”组要显著性低于“非常少”组和“偶尔几次”组；在机会主义退货行为方面，“经常”组要显著性高于“非常少”组。

表 5-9　多重比较 Scheffe 法

变量	比较方法	（I）网购退货频率	（J）网购退货频率	均差值（I－J）	标准误差	P 值
感知行为控制	Scheffe	从来没有	非常少	–0.586*	0.178	0.014
			偶尔几次	–0.782*	0.1932	0.001
机会主义退货行为		经常	非常少	0.678*	0.224	0.028

* 表示在 a=0.050 的显著水平上有显著差异。

第五节　假设检验与数据分析

一、信度和效度检验

参照以往文献，本次检验分两个步骤进行：一是通过在校大学生进行预调研，收集 175 份问卷，对设计不合理的问项进行修订或删除；二是正式调研阶段利用问卷星调研平台的样本服务功能收集 400 份问卷，利用 SPSS20.0 软件对模型中各个变量维度进行探索性分析，对各个变量的信度、收敛效度、判别效度等进行初步分析，淘汰信度不好的测项。最后得出各个维度的 Cronbach's α 值都在 0.7 以上（见表 5-10），说明信度比较好。

表 5-10　各因子的 Cronbach's α 值

因子	修正后的测项个数	Cronbach's α 值
理想主义	4（ID1，ID2，ID4，ID5）	0.776
相对主义	3（RE6，RE7，RE8）	0.729
寻求消费刺激需求	3（PB1，PB3，PB4）	0.739
感知行为控制	5（TS1，TS2，TS3，TS4，TS5）	0.770
机会主义退货态度	5（OA1，OA2，OA3，OA4，OA5）	0.839
主观规范性	3（SN1，SN2）	0.813
机会主义退货行为	5（OR1，OR2，OR3，OR4，OR5）	0.896

然后进行探索性因子分析，KMO 值在 0.847，说明很适合进行因子分析巴特利球形检验 P=0.000 位于显著性水平上，适合进行主成分分析，旋转后的主成分分析结果如表 5-11 所示。主成分分析提出的特征值大于 1 的因子个数有 7 个，方差解释率为 66.938%，每个测项因子负载都在 0.6 以上，而且交叉测项间的负载小于 0.45，说明量表有较好的收敛效度。

表 5–11　因子载荷矩阵表

因子	成分						
	1	2	3	4	5	6	7
OR5	0.832	0.229	–0.047	–0.014	0.035	0.076	0.084
OR4	0.830	0.257	–0.022	0.004	0.034	0.091	0.073
OR3	0.806	0.299	0.017	–0.056	0.026	0.048	0.166
OR2	0.787	0.207	–0.051	–0.009	–0.007	0.069	0.204
OR1	0.699	0.162	–0.006	0.046	0.134	0.082	0.016
OA2	0.235	0.752	–0.046	0.039	0.063	0.147	0.133
OA3	0.194	0.738	0.008	–0.010	0.083	–0.120	0.025
OA4	0.334	0.719	–0.014	–0.077	–0.058	0.001	–0.008
OA1	0.247	0.707	–0.034	–0.007	0.131	0.080	0.169
OA5	0.103	0.705	–0.112	–0.022	–0.070	0.089	0.186
ID4	–0.054	0.042	0.805	0.049	0.077	0.034	–0.112
ID1	0.051	0.006	0.785	–0.070	–0.008	0.020	–0.084
ID2	0.019	–0.153	0.754	0.086	–0.054	–0.060	–0.047
ID5	–0.112	–0.008	0.714	0.035	0.080	0.042	–0.028
TS3	–0.013	0.065	0.048	0.775	0.024	0.028	–0.043
TS4	0.110	0.013	–0.052	0.738	0.071	0.024	–0.140
TS1	–0.067	0.034	0.092	0.698	–0.035	0.046	0.117
TS2	–0.087	–0.061	0.121	0.662	0.092	–0.034	0.156
TS5	0.039	–0.104	–0.102	0.656	–0.007	–0.052	–0.145
PB3	0.068	–0.078	0.082	0.055	0.842	–0.019	0.057
PB4	0.034	0.048	–0.035	0.030	0.826	–0.031	–0.066
PB1	0.062	0.207	0.060	0.047	0.777	0.083	–0.166
RE6	0.057	0.074	–0.002	0.062	–0.025	0.806	0.029
RE7	0.062	–0.024	0.047	–0.035	0.010	0.806	0.075
RE8	0.155	0.040	–0.007	–0.017	0.036	0.776	–0.073
SN2	0.245	0.213	–0.226	–0.024	–0.057	0.008	0.809
SN1	0.290	0.165	–0.129	–0.045	–0.142	0.029	0.798

二、验证性因子分析

为进一步检验量表的信度和效度，本书使用 SmartPLS 3.2.8 软件对测量模型进行验证性因子分析，分析的结果如表 5-12 所示。本书使用偏最小二乘法（PLS）路径建模，它是一种结构方程建模方法。PLS 偏最小二乘估计提供了以下几个好处（Chin，Marcoulides，1998）：首先，它不像 LISREL 等基于协方差的方法，PLS 不做分布假设，不需要多元正态数据，所涉及的测量水平要求较小，并使用 bootstrapping 来验证参数估计的稳健性和显著性，PLS 的这个属性对于样本数据是偏离的是很有用的。其次，PLS 使因变量的解释方差最大化，这使得该方法在预测精度方面是最优的。最后，PLS 使研究者能够解释形成性测量模型和调节效应（Lindenmeier et al.，2012）。

表 5-12 列出了各指标对应因子的标准负载、各因子抽取的平均方差（Average Variance Extracted，AVE）和复合信度（Composite Reliability，CR）。各个变量的组合信度都在 0.800 以上，说明各个变量的构念信度良好；平均萃取方差 AVE 值在 0.500 以上，表明测量模型的收敛效度比较好。

表 5-12　因子载荷、CR 及 AVE 值

因子	测量项	标准化因子载荷	组合信度（CR）	平均提炼方差（AVE）
ID	理想主义	0.776	0.836	0.563
OA	机会主义退货态度	0.839	0.885	0.606
OR	机会主义退货行为	0.896	0.924	0.710
PB	感知行为控制	0.770	0.819	0.610
RE	相对主义	0.729	0.841	0.639
SN	主观规范性	0.763	0.860	0.673
TS	寻求消费刺激需求	0.737	0.828	0.651

判别效度的检验可以比较各因子 AVE 值的平方根与它和其他因子的相关系数的大小，当 AVE 值的平方根大于其各个因子的相关系数时说明判别效度较好。

表 5-13 显示了各因子的 AVE 平方根（对角线上）和各因子间的相关系数，结果表明因子间判别效度较好。

表 5-13 因子 AVE 值平方根与因子间相关系数矩阵

变量	ID	OA	OR	PB	RE	SN	TS
ID	0.750	—	—	—	—	—	—
OA	-0.149	0.779	—	—	—	—	—
OR	-0.101	0.649	0.842	—	—	—	—
PB	0.061	0.154	0.126	0.804	—	—	—
RE	-0.004	0.152	0.205	0.064	0.800	—	—
SN	-0.248	0.563	0.623	-0.107	0.107	0.818	—
TS	0.058	-0.146	-0.107	0.024	-0.058	-0.063	0.729

三、假设检验

本书采用 SmartPLS 3.2.8 计算路径系数并用 bootstrapping 再抽样方法计算系数的显著性。结果（图 5-3）显示理想主义对机会主义退货态度的路径系数为 –0.013，虽然呈负相关的关系但是结果不显著，假设 1a 没有得到支持；而相对主义对机会主义退货态度的路径系数为 0.079，*P* 值显著，假设 1b 得到了支持，说明相对主义倾向与机会主义退货态度呈正相关关系，相对主义伦理取向越高，机会主义退货态度就越高；寻求消费刺激需求与机会主义退货态度间的路径系数为 0.089，*P* 值显著，假设 2 也得到了支持，说明寻求消费刺激需求正向影响机会主义退货态度；同样感知行为控制和主观规范性对机会主义退货态度的路径系数也是显著的，说明了消费者感知行为控制和主观规范性对于机会主义退货态度形成有显著性影响；最后，感知行为控制、主观规范性和机会主义退货态度对机会主义退货行为的影响也都是显著的，如表 5-14 所示。

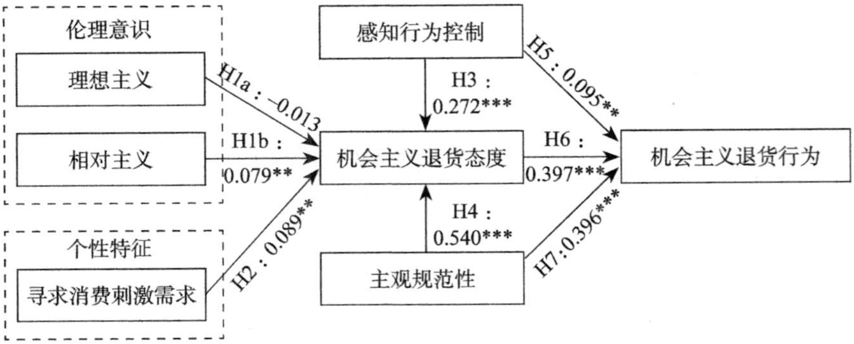

图 5-3　结构方程检验结果

*** 表示在 0.010 水平显著；** 表示在 0.010 水平显著。

表 5-14　假设检验结果

路径	假设内容	路径系数	*T* 值	*P* 值	支持（是 / 否）
ID → OA	H1a：理想主义伦理取向的消费者与机会主义退货态度呈负向显著性相关关系	-0.013	0.297	0.767	否
RE → OA	H1b：相对主义伦理取向的消费者与机会主义退货态度呈正向显著性相关关系	0.079	2.018	0.044	是
TS → OA	H2：寻求消费刺激需求的消费者与机会主义退货态度呈正向显著性相关关系	0.089	2.208	0.027	是
PB → OA	H3：感知行为控制正向显著性影响消费者机会主义退货态度	0.272	6.300	0.000	是
SN → OA	H4：主观规范正向显著性影响消费者机会主义退货态度	0.540	13.388	0.000	是
PB → OR	H5：感知行为控制正向显著性影响机会主义退货行为	0.095	2.492	0.013	是
OA → OR	H6：机会主义退货态度正向显著性影响机会主义退货行为	0.397	7.374	0.000	是
SN → OR	H7：主观规范正向显著性影响消费者机会主义退货行为	0.396	8.386	0.000	是

四、中介效应检验

根据巴拉恩和肯尼（Baron，Kenny，1986）介绍的中介效应和调节效应经典文献，简单的中介效应检验通常经历三个步骤，如图 5-4 所示。①以自变量 X 来预测因变量 Y，回归系数 β_{11} 如果不显著则终止中介效应分析，如果达到显著就执行第二步；②以自变量 X 来预测中介变量 M，得到的回归系数 β_{21} 如果不显著就终止效果分析，如果达到显著就进行第三部分析；③同时以 X 和 M 来预测 Y，X 的回归系数 β_{31} 若为不显著且接近于 0，则结果为完全中介，回归系数 β_{31} 若为显著且系数小于第一步的 β_{11}，则结果为部分中介。

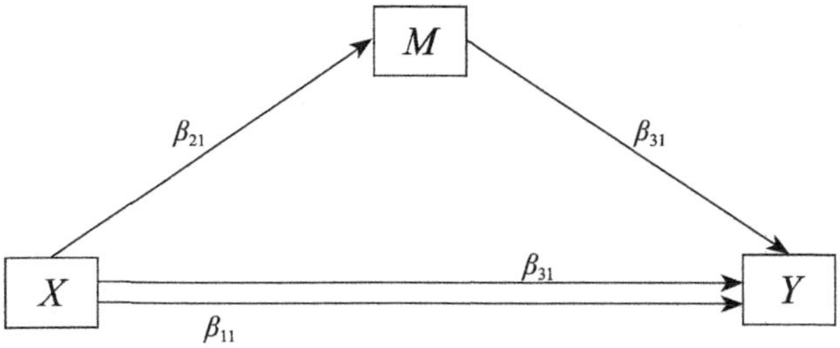

图 5-4　简单中介效应

（1）机会主义退货态度对相对主义和机会主义退货行为之间的中介作用。

根据以上方法检测自变量相对主义对于因变量机会主义退货行为的回归系数为 β_{11}=0.200，P=0.003 达到显著性；自变量相对主义和中介变量机会主义退货态度共同对因变量作用的 X 的回归系数 β_{31}=0.117,P=0.000 达到显著性，如表 5-15 所示。

结果证实了机会主义退货态度（OA）部分中介作用于相对主义（RE）和机会主义退货行为（OR）。

表 5-15 机会主义退货态度对相对主义和机会主义退货行为之间的中介作用

研究变量	OA 机会主义退货态度	OR 机会主义退货行为	
		M1	M2
自变量			
相对主义	0.134**	0.200***	0.117**
机会主义退货态度			0.620***
R^2	0.018	0.040	0.418
调整 R^2	0.015	0.038	0.415
F 值	7.038**	16.052***	137.743***

注：变量都进行了中心化处理。

*P<0.050，**P<0.010，***P<0.001。

（2）机会主义退货态度对感知行为控制与机会主义退货行为的中介作用。

同样方法，首先检测自变量感知行为控制对于因变量机会主义退货行为的预测，得到的回归系数 β_{11}=0.114，P=0.029 达到显著性，第三步检测自变量感知行为控制和中介变量机会主义退货态度共同预测因变量机会主义退货行为，所得到的回归系数 β_{31}=0.071，P=0.000 达到显著性，如表 5-16 所示。

表 5-16 机会主义退货态度对感知行为控制与机会主义退货行为之间的中介作用

研究变量	OA 机会主义退货态度	OR 机会主义退货行为	
		M1	M2
自变量			
感知行为控制	0.115*	0.114*	0.071*
机会主义退货态度			0.631***
R^2	0.013	0.013	0.406
调整 R^2	0.011	0.010	0.403
F 值	5.173*	5.084*	131.227***

注：变量都进行了中心化处理。

*P<0.050，**P<0.010，***P<0.001。

结果证实了机会主义退货态度部分中介了感知行为控制与机会主义退货行为之间关系。

（3）机会主义退货态度对主观规范性与机会主义退货行为之间的中介作用。

同上述方法，首先检验了自变量主观规范性对因变量机会主义退货行为的作用，回归系数 β_{11}=0.570，P=0.000 达到显著性；自变量主观规范性和中介变量机会主义退货态度共同对因变量机会主义退货行为的作用，回归系数 β_{31}=0.330，P=0.000 达到显著性，且回归系数 β_{31} 低于 β_{11}，如表 5-17 所示。

结果证实了机会主义退货态度部分中介了主观规范性与机会主义退货行为之间关系。

表 5-17　机会主义退货态度对主观规范性与机会主义退货行为之间的中介作用

研究变量	OA 机会主义退货态度	OR 机会主义退货行为	
		M1	M2
自变量			
SN：主观规范	0.515***	0.570***	0.330***
OA：机会主义退货态度			0.466***
R^2	0.265	0.325	0.485
调整 R^2	0.263	0.323	0.482
F 值	138.763***	185.423***	180.478***

注：变量都进行了中心化处理。

*P<0.050，**P<0.010，***P<0.001。

第六节　本章小结

消费者网购机会主义退货行为在网购日渐普遍情况下与网购宽松退货政策、消费者寻求消费刺激需求及个人伦理意识有关。本章基于计划行为理论和消费者伦理思想，构建了机会主义退货行为模型。

首先，利用 SPSS 软件分别进行独立样本 t 检验和单因素方差分析，检验了人口统计学四个变量对于机会主义退货行为等相关模型变量的影响，研究发现：①消费者性别因素在主观规范性、机会主义退货态度和行为方面存在着显著性的差异，男性都要显著性高于女性。②消费者不同的年龄结构层次对于机会主义退货态度和行为的影响没有构成显著性差异。③消费者不同的网购开支结构对于寻求消费刺激、机会主义退货态度和行为的影响方面存在着显著性差异，网购开支越高，寻求消费刺激和机会主义退货态度和行为就越高。④消费者网购退货频率在机会主义退货态度、寻求消费刺激、消费者伦理取向和主观规范性方面并没有显著性差异。

其次，利用 SPSS 软件对机会主义退货行为模型进行探索性因子分析，精简了各个变量的测项，对模型各个因子信度、判别效度进行了分析，模型总体结构拟合比较好，有较高的信度和区别效度。利用 SMARTPLS 软件对测量模型进行验证性因子分析，各指标在对应因子的标准负载、因子抽取的平均方差（AVE）和复合信度（CR）等方面都拟合比较好，说明判别效度较好。利用 bootstrapping 对模型假设进行检验，验证了消费者伦理取向与机会主义退货态度的关系，假设 H1a：理想主义伦理取向的消费者与机会主义退货态度呈现负向相关的关系，但 *P* 值未达到显著性，假设 1a 未得到支持；假设 H1b：消费者相对主义伦理取向显著性正向影响机会主义退货态度得到了支持；假设 H2 消费者寻求消费刺激与机会主义退货态度呈正向显著性相关关系得到了支持；假设 H3 和 H4 关于感知行为控制、消费者主观规范性对机会主义退货态度的显著性正向影响的假设也得到支持；假设 H5、H6 和 H7 关于感知行为控制、机会主义退货态度和主观规范性对机会主义退货行为的显著性正向影响的假设也都得到了支持。

最后，机会主义退货态度中介效应也得到了印证，即机会主义退货态度在相对主义和机会主义退货行为之间起部分中介作用；机会主义退货态度在感知行为控制与机会主义退货行为之间起部分中介作用，在主观规范与机会主义退货行为之间起部分中介作用。

本书通过实证研究得出机会主义退货行为是一种有目的、有计划的行为，消费者对网购环境中无理由退货政策的感知、网购退货经历等都会增加消费者对于机会主义行为的自我控制感，同时消费者又是生活在社交网络中的人，很容易受到周围人的影响，社会群体对于退货态度的看法也是直接影响着机会主义退货行为的关键因素，这些因素在机会主义退货行为模型中都得到了证实。根据计划行为理论，人的行为态度是由行为信念所决定的，有什么样的信念就会产生什么样的行为态度，机会主义退货信念的产生与个人伦理取向有关。在面临复杂道德选择时，理想主义伦理意识的人在作出决策时关注个人行为的规范，拒绝作出有损他人利益的非伦理行为，理想主义倾向越高，对于机会主义退货态度就会越低；相对主义伦理意识的人不是从伦理原则出发，而是从具体情境出发，作出对自己有利的行为，相对主义倾向越高的个体机会主义退货倾向就会越高。同时机会主义退货行为还与消费者的个性特征有关，喜欢追求消费刺激的消费者往往会喜新厌旧，乐于从频繁退货、换货中得到一种刺激和探索感。机会主义退货行为模型从理论上揭示了消费者从事机会主义退货行为的因素和机制。从实践上来看，在线零售商仅靠个体力量来解决网购中的机会主义退货行为是一件非常困难的事情，比较可行的办法是从伦理和社会规范的角度来引导消费者合理地利用无理由退货政策，加强与客户的互动和沟通，识别机会主义退货行为，减少消费者投机行为。而从平台管理角度堵住平台规则漏洞，完善相应退货政策，建立消费者信用机制，动态的跟踪消费者退货行为，对于退货率高的消费者或是异常退货行为建立预警机制和诚信机制，保护正常合理的退货行为，抑制机会主义退货行为，减少社会资源浪费和退货装运成本，只有多方面联动合作才有可能从源头上解决网购中日益突出的社会问题。

第六章　研究总结及展望

本书针对电子商务中日益频繁的产品退货现象，在深入阅读与产品退货行为相关的文献后，确定以电子商务情境下的消费者退货行为为研究主题，收集电商平台有关消费者退货意愿、退货行为的资料形成访谈内容；针对消费者中有退货行为的顾客和开网店的商家进行访谈，获得有关网购退货的一手和二手资料，运用扎根理论的方法构建出网络购物中退货行为取向模型；通过质的研究，我们获得关于网购退货原因、退货驱动力因素和退货行为类型的一些发现；基于认知失调理论视角构建了合理性退货行为机制模型；基于计划行为理论构建了机会主义行为机制模型；通过实证研究得出了一些重要的研究结论。

第一节　研究结论

首先通过对访谈的一手资料和收集的二手资料文献进行质的研究，通过问卷调查的方法对合理性退货行为及机会主义退货行为进行实证后，我们得出了以下的研究发现和结论。

一、主观、客观因素导致了消费者网购退货行为

以往文献对于网购退货原因的分析较简单，一般就是从归因角度把它归为商家原因、个人原因和快递公司原因等，而对于背后的深层次原因并没有深究和挖掘，不能很好地洞察消费者真实的退货原因，也不能够全面地分析

消费者退货行为动机。本书首次通过对有关退货的一手、二手资料进行全面、系统分析后，整理出网购退货的 20 种原因，然后利用扎根理论的方法提炼出网购退货的消费者主观因素和客观因素。其中主观因素主要是与消费者个人性格特征和消费者伦理意识有关。消费者个性特征包括冲动型（如不小心或匆忙购买、贪图便宜购买、不完全了解的购买），见异思迁型（短暂使用后改变主意、购后获得额外信息），容易后悔型（不喜欢、不是很满意、不再需要）购买行为；消费者伦理意识方面主要是伦理信念（理想主义、相对主义），自我控制力。消费者之外的因素我们归纳为客观因素，包括商家诚信经营问题（怀疑是被用过的产品、怀疑不是正品、货不对板、发货不及时、缺货不通知、发错货、促销购后降价、售后服务不兑现），平台退货政策（宽松或严格退货政策）和退货成本（时间、金钱和麻烦成本）问题。

二、消费者网购退货行为内隐着五种驱动力

对于消费者退货的驱动力的研究，以往的文献也有进行过总结，裴和帕斯万（Pei & Paswan，2018）认为消费者退货行为是由内部驱动因素（求变、冲动、感知独特性、物质主义、道德水平和自我监控）和外部驱动因素（产品兼容性、退货成本、感知风险、流程复杂度、社会群体影响）所导致的。哈里斯和雷诺兹（Harris & Reynolds，2004）得出，消费者的不当退货行为并非财务原因驱动的，而是为了自我、自尊需要和获取公众形象而采取的行动。本书在经过对网购退货行为的文献分析和总结后得出导致网购退货行为的背后驱动力是消费者感知心理契约违背、期望不一致、购后失调、寻求消费刺激和消费者伦理取向。

三、网购退货行为呈现七种类型

本书通过探索性研究得出网购退货呈现被迫型、上当型、反悔型、失望型、

租借型、欺诈型和多式购买型七种类型，并从伦理取向角度进一步把这七种退货行为归类为合理性（被迫性、上当型、反悔型、失望型）和机会主义（租借型、欺诈型和多式购买型）退货行为，利用情境实验法论证了这种分类的合理性。分别以认知失调理论和计划行为理论为基础，构建了合理性退货行为和机会主义退货行为机制模型。消费者合理性产品退货行为的发生并不一定只是产品质量问题，更多时候是消费者减轻购后失调的一种方法；机会主义退货行为并不是消费者所谎称的因为对产品不满意，而是受到个人态度、主观规范性、自我行为控制及寻求消费刺激和消费者个人伦理意识的影响。

四、开发了电商情境下感知心理契约违背维度和量表

由于营销情境中并没有形成一个关于心理契约违背公认的维度和测量量表，特别是针对电子商务购物中的心理契约违背维度和量表，大多数研究文献都是借用组织行为学的交易型契约违背和关系型契约违背两个维度。本书运用扎根理论方法进一步界定出了电子商务中关系型契约违背的测量维度是感知信任违背，交易型契约违背的测量维度为感知交易公平性违背、感知承诺违背和感知责任违背。在开发量表方面，对于这四个维度的界定采用内容分析法对原始概念、范畴化的概念进行归纳、整理、提炼和修正以确定测量指标，初始量表共计有 24 个指标，采用李克特 6 级量表对初始量表进行测量；量表的检验采用信度分析法和探索性因子分析法，淘汰不合格因子，净化题项后共得到 4 个感知信任违背题项、3 个感知责任违背题项、3 个感知承诺违背题项及 4 个感知公平违背题项。

五、退货日益成为消费者减少购后失调的一种合理性诉求

随着电子商务的快速发展，网购退货率问题也随之成为一个日益突出的问题。我们经过研究发现网购退货率之所以上升，并非是因为产品质量出现

了下降，而是因为今天的消费者日益把退货当作减少购后失调的一种重要手段。不同于五六十年前消费者解决购后失调的方法是进行自我调节，改变自我认知和态度来恢复内心平衡状态，今天的消费者减少购后失调的手段就是与商家直接进行互动和沟通、商议退换货来达到内心平衡，在宽松的退换货政策下，消费者不必去扭曲自己的认知，商家也乐于通过退货获得消费者理解，提高满意度、忠诚度。

六、网购退货成本对消费者正常退货行为造成一定的影响

一般说来网购退货成本是消费者网购比较担忧的一个问题，退货成本包括退货时间成本、金钱成本和麻烦成本等。为了防止买家随意进行退换货，商家通常会设置一些退货障碍，这些障碍包括要求商品保持完好状态、不影响二次销售，发票、吊牌保存完好，手机、电脑等电子产品未被激活，不属于产品质量问题不承担运费等。商家设置的这些网购退货障碍对于消费者正常退货行为影响到底有多大？我们通过实证研究发现：网购退货成本在购后失调和合理性退货行为之间产生了显著性调节作用，说明退货成本是消费者进行合理性退货主要考量的因素。

七、伦理意识和个性特征是机会主义退货信念形成的主要原因

机会主义退货态度的形成与消费者的伦理意识和寻求消费刺激的个性特征有关。怀有理想主义伦理取向的顾客遵从普世道德规范的约束，采取符合道德规范的行动和决策，拒绝为了某个想要的结果去牺牲他人的利益和福利，对于理想主义道德取向高的消费者来说，机会主义退货行为是不可接受的，是一种伤害他人利益的行为；而具有相对主义伦理取向的顾客则认为，有时

候为了达到想要的结果，可以不惜一切代价，哪怕是伤害和牺牲别人的利益也是可以接受的，他们认为个体的行动和决策取决于当时的情境，不同的情境、个体是可以采取不同的态度、不同的决策和行为的，具有较高的相对主义伦理取向的消费者机会主义退货态度相对来说也是比较高的。消费者机会主义退货态度和信念的形成还与消费者寻求消费刺激的个性有关，人类对冒险和刺激的需求构成了不端行为的基本动机，特别是网络购物产品种类繁多，消费者在网购旅程中对产品的外观、功能、特性存在着猎奇、求新、求异和渴望刺激或冒险的需求，相较于传统实体店开放的交易场所，在线购物属于比较私密、封闭的环境，对于自我控制力和伦理意识比较差的消费者来说，在消费过程中寻求刺激的欲望很容易诱导他们从合理的消费决策延伸到不当行为的选择，在宽松的退货政策下，他们的机会主义退货行为倾向就会得到更好的掩饰。

八、人口统计学特征对机会主义退货行为产生了影响

人口统计学特征如消费者性别、年龄、网购开销、网购退货频率等因素也被证实对于机会主义退货行为相关变量产生了影响。具体表现在以下四个方面。①性别因素在主观规范性、机会主义退货态度和行为方面存在着显著性差异，男性机会主义退货态度和行为要显著性高于女性，男性受到的社会规范影响也要显著高于女性；但性别因素在消费者理想主义、相对主义伦理取向方面及寻求消费刺激方面没有显著性差别，在感知行为控制方面也未检测出显著性差别。②年龄结构层次对于机会主义退货态度和行为的影响没有构成显著性差异，也没有发现不同年龄层次的消费者在理想主义、相对主义取向和寻求消费刺激方面存在显著性区别。③网购开支结构对于寻求消费刺激、机会主义退货态度和行为的影响方面存在显著性差异，月消费在“5000元以上”组的机会主义退货态度和退货行为要显著高于其他较低的四个组别，

月开支在“1000~5000元”组和“5000元以上”组的寻求消费刺激要显著高于其他组别。④网购退货频率在机会主义退货态度、消费者伦理取向、主观规范性和寻求消费刺激方面并没有显著性差异，但在机会主义退货行为方面，“经常退货”组要显著性高于“非常少”组。

第二节　学术贡献

一、探究了电子商务领域消费者退货行为取向的类型

学术上专门针对消费者退货行为类型的研究不多，除了瓦赫特（Wachter，2012）提出的三个维度——“计划或不道德退货者”“急于退货者”“不情愿或受过教育的退货者”和罗森鲍姆（Rosenbaum，1999）提出的五种退货行为类型——“游戏型”（sport）、“不道德”（unethical）、“道德”（ethical）、“经典”（classic）、“受过教育”（educated）外，本书则首次针对电子商务领域的退货行为进行七种分类，这对于帮助电子零售企业理解消费者需求和找到应对措施是十分有必要的。

二、细分了网络购物中的心理契约违背维度

以往营销学领域的文献对于心理契约违背的维度划分都是借用组织行为学领域的员工与组织之间的交易型契约违背和关系型契约违背两个维度（Rousseau，1994），并没有形成营销情境下的比较权威的心理契约违背维度。帕夫卢和杰芬（Pavlou & Gefen，2005）曾经认为在电子商务领域只存在交易型心理契约，不存在关系型心理契约；国内有关营销领域心理契约维度也大多沿用组织学领域的交易型和关系型契约两维度。本书首次在前人研究的基础上把交易型契约违背进一步细分为感知责任违背、感知承诺违背和感知公

平违背，而把关系型契约违背界定为感知信任的违背，通过实证数据证明了这种划分的合理性。

三、重新阐释了购后失调与产品退货的关系

本书发现消费者在购后所经历的产品失调和情绪失调决定了消费者是否要进行退货。在减少购后失调方面，费斯廷格那个年代由于市场环境竞争不那么激烈，消费者权益保护运动不那么普遍，消费者在退货不成功的情况下只能靠改变自身的态度和认知成分来恢复心理的平衡。而在今天，不仅企业提供宽松的产品退货政策，而且产品退货作为一种社会规范也逐渐被广泛接受。因此，如今的消费者在遭受购后失调时既不觉得有必要为自己的购买行为进行辩护、靠改变自己认知来恢复内心的平衡，也不觉得有必要保留该产品，消费者更有可能通过产品退货来应对购后失调。而且，随着退货门槛的不断降低，越来越多的消费者选择产品退货来作为应对购后失调的可行策略。

四、从伦理意识和个性特征角度来解释网购机会主义退货行为

对于电子商务中的机会主义行为研究，以前文献也都有用不同的理论进行解释，如刘新燕（2014）曾经假设马基雅维利主义得分高更容易产生机会主义行为倾向，但最后实证结果并没有获得支持。本书提出假设消费者道德意识（理想主义和相对主义倾向）与消费者寻求消费刺激需求的个性特征对机会主义退货态度和信念有影响，实证结果支持了这种假设。宽松的退货政策环境会滋生一些机会主义投机行为，让部分相对主义道德倾向的消费者有了从事不正当行为的机会。而像之前媒体报道网购 18 件衣服出门旅游拍照，然后进行退货的行为运用伦理意识和寻求消费刺激需求就能得到很好的解释了。

第三节 管理借鉴

这项研究对于零售企业来说具有非常重要的意义，退货严重侵蚀了零售商的利润，增加了他们的运营成本，正成为电子商务行业一个“黑洞”。由于害怕曝光自己的退货率会影响到消费者购买的信心，许多网商和平台都选择回避透露退货率问题，人们只能通过一些在线行业数据大概估算为 10%，在“双十一”等节日后至少有 30% 的在线订单最终被退回，甚至会更高。因此，我们的研究结果对于理解消费者退货原因、降低零售成本和增加企业利润具有重要的意义。

一、理解并重视在线交易中存在的心理契约关系

电子商务市场买卖不仅仅体现的是一种交易型显性关系，更多时候体现地是一种隐性心理契约关系。根据社会交换理论，心理契约区别于法律契约，更多地具有感性、不成文和内隐的本质属性，心理因素实际上在交易中起着更为重要的影响力。作为在线买家通常受他们对卖方交易义务的隐性理解所支配，有时或是双方对于契约理解上出现偏差或不一致导致的，如果买家认为他们没有得到合同所承诺的东西，或者认为受到了错误对待，就可能触发买家感知心理契约的违背。商家应对策略就是要做到诚信经营，避免欺诈和售卖假冒伪劣产品等非伦理行为，建立与顾客长期、真诚和信任的关系，培养忠诚的客户群体和粉丝用户。

二、减少消费者购后失调，加强售后客户关系管理

网络购物属于一种虚拟远程购物，存在信息不匹配，产品质量、性能不确定等因素，消费者购后会出现期望不一致和购后失调等症状。企业应该实

施长远战略规划，加强售后信息沟通，建立有效的客户关系管理机制来减少消费者因不必要的认知落差和期望不一致导致的退货行为发生。这些策略包括以下五个方面。①提供售后帮助。通过用户手册和产品包装清楚地告知消费者在遇到问题或疑问时应该做什么及如何寻求帮助。②重视网店店内展示。管理和布置好产品的视觉和图形信息，不仅是罗列技术规格和产品特性，更应该建立适宜的店内展示，为消费者提供必要的知识和信息，产品展示要诚实、完整，做到不夸大、不隐瞒，网站信息应该经常地更新，为消费者提供最新的产品信息，尽量减少人为失误，履行好商家应尽的责任和义务。③销售人员应该与顾客建立有效的互动。应该向顾客清楚地说明产品的特点和用途，使他们充分了解产品，确保他们能正确地安装和使用产品。④利用产品视频技术或 VR 技术帮助消费者在购前熟悉产品。运用视频和图片展示技术能够帮助消费者作出明智和自信的购买决定，这将减少产品的购买失误、降低不必要的退货。⑤公平交易和诚信经营。消费者出现购后失调产生退货的另外一个原因是商家自身导致的，精明的商家应该避免疏忽大意发错货、货不对板等情况，做到在交易价格、促销政策、退货政策等方面公平交易，避免给顾客，尤其是一些忠诚的老顾客造成不可挽救的伤害。

三、建立信用机制，减少机会主义行为

减少顾客机会主义退货行为，建立诚信机制是非常重要的。首先，商家要确保自己不会出现非伦理行为，同时要加强识别消费者机会主义退货行为，合理地利用平台机制保护自身的利益。其次，对于电商平台来说，完善无理由退货政策的实施，明晰商家、物流、消费者个人及平台等几方面的责、权、利关系，建立商家和消费诚信机制和惩处机制是有效减少机会主义退货行为、保护合理退货行为的长效机制。最后，电商平台如果能够利用后台大数据来管理好顾客购物习惯和退货行为，引导客户；给予在线零售商和消费者预警

机制，让不诚实的商家和消费者因为自己的不诚实付出代价，最后形成积极的社会群体规范来约束和抑制机会主义退货行为的发生。

第四节　研究的局限性及研究展望

一、研究局限性

本书既有运用扎根理论构建模型的质的研究，也有关于退货行为量的研究，获得了一些研究发现和研究结果。由于时间、研究经费的局限及研究者个人知识和阅历的局限，难免会存在一些问题和不足，需要更多后续研究的补充和完善。

首先，关于运用扎根理论方法来构建网购退货行为取向模型会存在个人主观倾向性影响，构念的提炼、逻辑的建构还会存在不完善的地方。研究者个人的理论水平不同，所构建的模型也会因人而异。

其次，研究的局限性还来自样本的性质及使用的测量方法。该样本来源于有过网购退货经历的消费者，被统计的个体类型不一定完全代表网络零售人口总数。而对于网购中机会主义退货行为的测量局限性可能更大，很难通过某种方式找到那些有过机会主义退货经历的群体，因为机会主义退货行为作为一种非伦理行为涉及个人隐私问题，人们往往会避免在人前说出自己内心阴暗的一面，尽管我们在测量机会主义退货行为时候尽量把被试者摆在一个第三者角色来判断该种行为的接受度，但是这种测量行为倾向毕竟还是与真实的、隐藏在人们内心深处、不为人知的机会主义退货行为存在一定的差距。

最后，局限性还与所使用的测量方法有关，这些测量方法有的是借鉴其他文献，有的是在特定情况下本研究所开发的，具有一定倾向性和误差。

二、未来的研究展望

（1）关于网络购后失调的研究，导致认知失调的时机是值得研究的；认知失调与消费者满足感究竟有何不同，以及这两种现象是如何相互作用的，也可能是一个非常值得研究的领域；认知失调可能更容易发生在对消费者有更高的金钱成本或心理成本并具有重大长期后果的商品上；个体容忍失调的能力不同，以及他们采取行动的方式如何不同也是值得研究的。认知失调还可能是一次不成功的产品搜索、没有购买某产品或是购买了替代产品而导致的结果。

（2）产品退货与产品类型的关系。不同产品类型退货率应该差别比较大，如果有可能获得平台企业真实退货数据来进行大数据分析，就可能更深刻理解顾客退货原因和退货动机、退货行为，也许能揭示出更多有意义的发现。

（3）对于机会主义退货行为的测量，未来的研究可以尝试通过实验法或者是借助技术设备运用观察法来研究，可能会获得更为科学真实的发现。

（4）电商情境下的退货行为是否在不同国家、不同市场存在着不一样的退货原因、退货驱动力和退货行为类型呢？未来的研究可以尝试从跨文化的角度，在不同国家间进行比较研究，也许会揭示出更多有意义的发现。

参考文献

曹玉枝，2012. 多渠道环境中消费者渠道使用转移行为研究 [D]. 武汉：华中科技大学 .

陈金波，戴化勇，孙青青，2017.“农超对接”模式下农户心理契约与渠道机会主义行为关系的实证研究 [J]. 农业技术经济（7）：43-53.

陈跃朋，2014. 消费者非伦理行为意向的形成研究 [D]. 厦门：厦门大学 .

单汨源，邓青瑞，张人龙，2014. 基于顾客心理契约的服务保证与消费者行为意向关系研究 [J]. 商业研究（10）：100-105.

邓新明，2012. 中国情景下消费者的伦理购买意向研究——基于 TPB 视角 [J]. 南开管理评论，15（3）：22-32.

人民网：网购退货率居高不下，年前的促销节年后变成“退货劫”[EB/OL].（2013-01-08）[2022-07-10]. http://zj.people.com.cn/n2/2016/0226/c186943-27816858.html.

电子商务研究中心 . 2018（上）中国网络零售市场数据监测报告 [EB/OL].（2018-09-27）[2022-07-10]. http：//www.100ec.cn/zt/18wlls/.

何奇兵，张承伟，2019. 网购中退货服务补救与消费者购买意愿关系实证研究 [J]. 商业经济（2）：94-97.

荆涛，杨舒，卢秋雨，2018. 网购退货运费险反欺诈问题研究——基于成本收益视角的分析 [J]. 价格理论与实践（1）：118-121.

李东进，吴波，李研，2013. 远程购物环境下退货对购后后悔影响研究 [J]. 南开管理评论，16（5）：77-89.

李建斌，李赟，2016. 无理由退货政策下的在线定价及补偿优化策略 [J]. 系统工程理论与实践，36（11）：2811-2819.

李进军，2012. 基于自我概念和群体因素的消费者参与程度及其影响研究 [D]. 成都：西南

交通大学 .

李明芳，2017. 情境规范对认知失调与网购退货意愿关系的作用机理探析 [J]. 软科学（12）：112-117.

李原，郭德俊，2006. 员工心理契约的结构及其内部关系研究 [J]. 社会学研究（5）：151-168.

梁文玲，刘燕，2014. 心理契约违背对饭店顾客忠诚的影响——服务补救策略的调节效应 [J]. 旅游学刊，29（2）：55-65.

刘俊清，2018. 心理契约违背对零售商品牌权益的影响研究 [D]. 武汉：中南财经政法大学 .

刘新燕，李倩，余思璐，等，2014. 网络环境下服务保证何以诱发消费者的机会主义行为——个人特质和参照群体行为的调节作用 [C]. 武汉 .

刘遗志，2016. 研究型购物者的渠道迁徙行为研究 [D]. 武汉：中南财经政法大学 .

罗海成，2005. 营销情境中的心理契约及其测量 [J]. 商业经济与管理（6）：37-41.

马妍，马钦海，于灏，等，2013. 顾客心理契约量表的开发与检验——基于营销互动视角 [J]. 技术经济，32（8）：125-129.

人民日报 . 实体店无理由退货，法律要给消费者撑腰 [EB/OL].（2018-03-15）[2022-07-10] . https：//baijiahao.baidu.com/s?id=1595012644248774918&wfr=spider&for=pc.

申学武，聂规划，沈凌，2007. 电子商务情境中的心理契约及其测量 [J]. 科技进步与对策（2）：164-167.

田维琳，2019. 大数据环境对民众伦理意识的淡化与冲击 [J]. 自然辩证法研究，35（7）：23-27.

万映红，王小娟，胡万平，2014. 关系建立期：顾客心理契约中商家责任形成的先导决定因素及关系研究 [J]. 管理工程学报，28（4）：60-68.

万映红，岳英，胡万平，2013. 基于映像理论视角的顾客心理契约中商家“责任”认知机理研究 [J]. 管理学报，10（1）：110-116.

万映红，岳英，姜立权，2011. 探究服务关系下顾客隐性需求的新视角——顾客心理契约中服务商责任 [J]. 预测，30（5）：6-12.

温忠麟，侯杰泰，张雷，2005. 调节效应与中介效应的比较和应用 [J]. 心理学报，37（2）：268-274.

吴波，李东进，2013. 远程购物消费者退货后的反应研究 [J]. 当代财经（7）：67-76.

游士兵，黄静，熊巍，2007. 品牌关系中消费者心理契约的感知与测度 [J]. 经济管理（22）：32-37.

余可发，2011. 顾客心理契约对品牌忠诚作用机理实证研究 [D]. 南昌：江西财经大学.

岳英，万映红，曹小鹏，2014. 顾客感知的"服务失败"及其"服务补偿"关系研究 [J]. 管理学报，11（6）：876.

张娜，2015. 保险营销员的商业道德敏感性 [D]. 北京：北京科技大学.

张圣亮，张结娣，2016. 消费者基于不同原因的网购退货对购后行为的影响 [J]. 大连理工大学学报（社会科学版）（4）：33-38.

张文健，孙绍荣，2007. 机会主义行为的"成本—收益"分析及制度设计启示 [J]. 工业技术经济（12）：73-75.

张跃先，马钦海，刘汝萍，2010. 期望不一致、顾客情绪和顾客满意的关系研究述评 [J]. 管理评论（4）：56-63.

赵宝春，2008. 中国消费者伦理行为研究 [D]. 武汉：华中科技大学.

郑欣，2017. 电子商务平台上的资源依赖、关系质量和机会主义行为 [D]. 武汉大学.

曾伏娥，罗茜，屠采撷，等，2011. 网上消费者非伦理行为：特性、维度与测量 [J]. 南开管理评论，14（2）：26-36.

ACCENTURE, 2007. Big troubles with no trouble found: How consumer electronics firms confront the high cost of consumer returns [R]. Accenture Communications & High Tech.

AJZEN I, 1991. The theory of planned behavior [J]. Organizational Behavior & Human Decision Processes, 50(2): 179-211.

AJZEN I, 1985. From intentions to actions: A theory of planned behavior [M]. Heidelberg: Berlin: Springer: 11-39.

AMASIATU C V, SHAH M H, 2014. First party fraud: a review of the forms and motives of fraudulent consumer behaviours in e-tailing [J]. International Journal of Retail &Distribution Management, 42(9): 805-817.

ANDERSON E T H K S D, 2009. The Option Value of Returns: Theory and Empirical Evidence[J]. Marketing Science, 28(3): 405-423.

ANDERSON E, 1988. Transaction Costs as Determinants of Opportunism in Integrated and Independent Sales Force [J]. Journal of Economic Behavior and Organization, 9: 247-264.

Appriss Retail, 2017_Consumer-Returns-in-the-Retail-Industry-Report.pdf [EB/OL]. (2017-12-10) [2022-07-10]. https: //appriss.com/retail/wp-content/uploads/sites/4/.

ARGYRIS C, DITZ G W, 1960. Understanding Organizational Behavior [J]. Journal of Management, 26(1): 457-458.

ARLI D, LEO C, 2017. Why do good people do bad things? The effect of ethical ideology, guilt proneness, and self-control on consumer ethics [J]. Asia Pacific Journal of Marketing and Logistics, 29(5): 1055-1078.

ARTO L, TARU L, HEIDI W, 2018. Collaborative consumption as C2C trading: Analyzing the effects of materialism and price consciousness [J]. Journal of Retailing and Consumer Services, 44: 244-252.

AUTRY C W, HILL D J, O'BRIEN M, 2007. Attitude toward the Customer: A Study of Product Returns Episodes [J]. Journal of Managerial Issues, 19(3): 315-339.

BAKER M A, MAGNINI V P, PERDUE R R, 2012. Opportunistic customer complaining: Causes, consequences, and managerial alternatives [J]. International Journal of Hospitality Management, 31(1): 303.

BANDURA A, 1986. Social foundations of thought and action: A social cognitive theory [M]. Englewood Cliffs, NJ: Prentice-Hall.

BARON R M, KENNY D A, 1986. The moderator-mediator variable distinction in social psychological research: Conceptual, strategic, and stastical consideration [J]. J Pers Soc Psychol, 51: 1173-1182.

BAWA A, KANSAL P, 2008. Cognitive Dissonance and the Marketing of Services: Some Issues [J]. Journal of Services Research, 8(2): 91-112.

BECHWATI N N, SIEGAL W S, 2005. The Impact of the Prechoice Process on Product Returns [J]. Journal of Marketing Research, 42(3): 358-367.

BITNER M J, BOOMS B H, MOHR L A, 1994. Critical Service Encounters: The Employee's Viewpoint [J]. Journal of Marketing, 58(4): 95-106.

BLANCERO D, ELLRAM L, 1997. Strategic supplier partnering: a psychological contract perspective [J]. International Journal of Physical Distribution & Logistics Management, 27(9/10): 616-629.

BLAU P M, 1964. Exchange and Power in Social Life [M]. New York: Wiley.

BLESSLEY M, MIR S, ZACHARIA Z, et al., 2018. Breaching relational obligations in a buyer-supplier relationship: Feelings of violation, fairness perceptions and supplier switching [J]. Industrial Marketing Management, 74: 215-226.

BOLLEN K A, 1989. Structural equations with latent variables. In Wiley series in probability and mathematical statistics [M]. New York: Wiley.

CHANG S H, SHU Y, LIN Y H, et al., 2018. "I Believe", "I Think", then "I Will" ? Investigating the Mediator Role of Ethical Judgment between Internet Ethical Self-efficacy and Ethical Behavioral Intention [J]. Computers in Human Behavior.

CHIH W, 2017. Psychological contract violation Impact on perceived justice and behavioral intention among consumers [J]. International Journal of Conflict Management, 28(1): 103-121.

CHIN W W, 1998. Issues and opinions on structural equation modeling [J]. MIS Quart, 22(1): 7-16.

CHIN W W, MARCOULIDES G, 1998. The Partial Least Squares Approach to Structural Equation Modeling [J]. Modern Methods for Business Research: 295-336.

CHOWDHURY R M M I, 2017. The Moral Foundations of Consumer Ethics [J]. Journal of Business Ethics (1): 1-17.

CLARK P W, DAS N, 2009. Exploring the Use of E-CRM Elements and Effective Website Design as Tools for Reducing Consumer Post-Purchase Cognitive Dissonance [J]. Journal of Technology Research (1): 1-7.

CONNOLE R J, BENSON J D, KHERA I P, 1977. Cognitive dissonance among innovators [J]. Journal of the Academy of Marketing Science, 5(1-2): 9-20.

COOPER J, FAZIO R H, 1984. A New Look at Dissonance Theory [J]. Advances in Experimental Social Psychology, 17: 229-266.

CORBIN J M, STRAUSS A L, 2014. Basics of qualitative research [M]. Thousand Oaks, CA: Sage Publications.

CUMMINGS W H, VENKATESAN M, 1976. Cognitive Dissonance and Consumer Behavior: A Review of the Evidence [J]. Journal of Marketing Research, 13(3): 303-308.

D INNOCENZIO A. Take that back! Returns spike this holiday: Retailers worry [N]. Associated Press in the Journal News, 2011-12-15.

Daunt K L, Harris L C, 2012. Motives of dysfunctional customer behavior: an empirical study [J]. Journal of Services Marketing, 26(4): 293-308.

DAVIS S, HAGERTY M, GERSTNER E, 1998. Return policies and the optimal level of "hassle" [J]. Journal of Economics & Business, 50(5): 460.

DOUTHIT D, 2012. Solving the product return problem in consumer gizmos [J]. Forbes, 30(30).

DUNFEE T W, SMITH N C, ROSS W T, 1999. Social Contracts and Marketing Ethics [J]. Journal of Marketing, 63(3): 14-32.

EDDLESTON K A, KIDDER D L, LITZKY B E, 2002. Who's the boss? Contending with competing expectations from customers and management [J]. Academy of Management Executive, 16(4): 85-95.

ELLIOT A J, DEVINE P G, 1994. On the Motivational Nature of Cognitive Dissonance: Dissonance as Psychological Discomfort [J]. 67(3): 382-394.

FELDMAN D C, 2013. Feeling Like It's Time to Retire: A Fit Perspective on Early Retirement Decisions [M]. New York: Oxford University Press.

FERRELL O C, GRESHAM L G, FRAEDRICH J, 1989. A Synthesis of Ethical Decision Models for Marketing [J]. Journal of Macromarketing, 9(2): 55-64.

FESTINGER L, 1957. A theory of cognitive dissonance [M]. Stanford, CA: Stanford University Press.

FISK R, HARRIS L, GROVE S, et al., 2010. Customers behaving badly: a state of the art review, research agenda and implications for practitioners [J]. Journal of Services Marketing, 24(6): 417-429.

FORSYTH D R, 1980. A-Taxonomy-of-Ethical-Ideologies [J]. Journal of Personality and social psychology, 39(1): 175-184.

FORSYTH D R, 1992. Judging the Morality of Business Practices: The Influence of Personal Moral Philosophies[J]. Journal of Business Ethics, 11(5/6): 461-470.

FORSYTH, D. A taxonomy of ethical ideologies [J]. Journal of Personality and Social Psychology, 1980, 39(1): 175–184

FRITZSCHE T D J, 1989. Business Ethics: A Literature Review with a Focus on Marketing Ethics [J]. Journal of Business Ethics, 8(9): 695-743.

FUKUKAWA K, 2002. Developing A Framework for EthicallyQuestionable Behavior in Consumption [J]. Journal of Business Ethics: 150922.

FULLERTON R A, PUNJ G, 1993. Choosing to Misbehave: a Structural Model of Aberrant Consumer Behavior [J]. Advances in Consumer Research, 20(1): 570-574.

FULLERTO, PUNJ, 2004. Repercussions of promoting an ideology of consumption: consumer misbehavior [J]. Journal of Business Research, 57(11): 1239-1249.

FULLERTON, R A, PUNJ, G N, 1997. Can consumer misbehavior be controlled? A critical analysis of two major control techniques[J]. Advances in Consumer Research, 24: 340-344.

GBADAMOSI A, 2009. Cognitive dissonance: The implicit explication in low-income consumers' shopping behaviour for "low-involvement" grocery products [J]. International Journal of Retail & Distribution Management, 37(12): 1077-1095.

GEFEN D, STRAUB D W, 2005. A practical guide to factorial validity using PLS-graph: Tutorial and annotated example [J]. Comm. Association Inform. Systems, 16(5): 91-109.

GENTINA E, TANG L P, GU Q, 2018. Do Parents and Peers Influence Adolescents' Monetary Intelligence and Consumer Ethics? French and Chinese Adolescents and Behavioral Economics [J]. Journal of Business Ethics, 151(1): 115-140.

GEORGE B P, EDWARD M, 2009. Cognitive Dissonance and Purchase Involvement in the Consumer Behavior Context [J]. The IUP Journal of Marketing Management, 8(3/4): 7.

GEORGE D, MALLERY P, 2003. SPSS for Windows step by step: A simple guide and reference. [M]. 4th ed. Boston: Allyn & Bacon.

GLASER B G, STRAUSS A L, 1967.The discovery of grounded theory: Strategies for qualitative research [M]. Hawthorne, NY: Aldine de Gruyter .

GODFRED, MATTHEW, YAW, et al., 2019. Temptation and the propensity to engage in unethical behaviour [J]. International Journal of Ethics and Systems, 35(1): 43-58.

GOLES T, RAO S V, LEE S, et al., 2009. Trust Violation in Electronic Commerce: Customer Concerns and Reactions [J]. Journal of Computer Information Systems, 49(4): 1-9.

GRIFFIS S E, RAO S, GOLDSBY T J, et al., 2012. The customer consequences of returns in online retailing: An empirical analysis [J]. Journal of Operations Management, 30(4): 282-294.

HARRIS L C, 2010. Fraudulent consumer returns: exploiting retailers' return policies[J]. European Journal of Marketing, 44(6): 730-747.

HARRIS L C, REYNOLDS K L, 2004. Jaycustomer behavior: an exploration of types and motives in the hospitality industry[J]. Journal of Services Marketing, 18(5): 339-357.

HARRIS L, 2008. Fraudulent Return Proclivity: An Empirical Analysis [J]. Journal of Retailing, 84(4): 461-476.

HEIDE J B, 1994. Interorganizational Governance in Marketing Channels [J]. Journal of Marketing, 58(1): 71-85.

HERMANN D, MUUHOFF O, 2018. I Might Be a Liar, but Not a Thief: An Experimental Distinction between the Moral Costs of Lying and Stealing [J]. SSRN Electronic Journal,163(2): 135-139.

HILL J A, ECKERD S, WILSON D, et al., 2009. The effect of unethical behavior on trust in a buyer-supplier relationship: The mediating role of psychological contract violation [J]. Journal of Operations Management, 27(4): 281-293.

HSIEH P, 2012. Perceived opportunism (PO) in e-return service encounters [J]. Managing Service Quality, 23(2): 96-110.

HUANG, LEI, 2017. Birds of a feather: a normative model of assessing consumers' satisfaction in a generalized expectation–disconfirmation paradigm [J]. Journal of Marketing Analytics, 5(1): 5-13.

HUNT S D, VITELL S, 1986. A General Theory of Marketing Ethics [J]. Journal of Macromarketing, 6(1): 5-16.

ISLAM T, WEI J, SHEIKH Z, et al., 2017. Determinants of compulsive buying behavior among young adults: The mediating role of materialism[J]. Journal of Adolescence, 61:117-130.

JAMIL A, RAJA U, DARR W, 2013. Psychological Contract Types as Moderator in the Breach-Violation and Violation-Burnout Relationships [J]. The Journal of Psychology: Interdisciplinary and Applied, 147(5): 491-515.

JC N, IH B, 1994. Psychometric theory [M]. 3rd ed. New York: McGraw-Hill.

JIANG P, ROSENBLOOM B, 2005. Customer intention to return online: price perception, attribute-level performance, and satisfaction unfolding over time [J]. European Journal of Marketing, 39(1/2): 150-174.

JOOYOUNG K, YUE Z, JIANG Y, 2018. Legitimacy building and e-commerce platform development in China: The experience of Alibaba [J]. Technological Forecasting and Social Change, 139(2): 115-124.

JOHNSON B, 2003. Bringing it back: Mastering the last frontier of corporate efficiency [J]. Material Management and Distribution, 48: 36-37.

JOHNSON K K, RHEE J, 2008. An investigation of consumer traits and their relationship to merchandise borrowing with undergraduates [J]. Journal of Family and Consumer Sciences

Education, 26(1): 1-13.

JOSHI A W, ARNOLD S J, 1997. The impact of buyer dependence on buyer opportunism in buyer–supplier relationships: The moderating role of relational norms [J]. Psychology & Marketing, 14(8): 823-845.

KANG M, JOHNSON K, 2009. Identifying characteristics of consumers who frequently return apparel [J]. Journal of Fashion Marketing and Management: An International Journal, 13(1): 37-48.

KHANTIMIROV D, KARANDE K, 2018. Complaint as a persuasion attempt: Front line employees' perceptions of complaint legitimacy [J]. Journal of retailing and consumer services, 43(7): 68-76.

KIM Y, 2011. Application of the Cognitive Dissonance Theory to the Service Industry [J]. Services Marketing Quarterly, 32(2): 96-112.

KING T, DENNIS C, 2003. Interviews of deshopping behaviour: An analysis of theory of planned behaviour [J]. International Journal of Retail & Distribution Management, 31(3): 153-163.

KING T, DENNIS C, 2006. Unethical consumers: Deshopping behaviour using the qualitative analysis of theory of planned behaviour and accompanied (de)shopping [J]. Qualitative Market Research: An International Journal, 9(3): 282-296.

KINGSHOTT R P J, 2006. The impact of psychological contracts upon trust and commitment within supplier–buyer relationships: A social exchange view [J]. Industrial Marketing Management, 35(6): 724-739.

KO C, MA J, KANG M, et al., 2019. The effect of ethical leadership on purchasers'unethical behavior in China: The moderating role of ethical ideology [J]. Journal of Purchasing and Supply Management, 25(4): 100528.

KOFORD K, PENNO M, 1992. Accounting, Principal-Agent Theory, and Self-Interested Behavior [C]. Ethics and agency theory: an introduction，New York: Oxford University Press.

KOLLER M, SALZBERGER T, 2012. Heterogeneous development of cognitive dissonance over time and its effect on satisfaction and loyalty[J]. Journal of Customer Behaviour, 11(3): 261-280.

KOLLER M, SALZBERGER T, 2007. Cognitive dissonance as a relevant construct throughout the decision-making and consumption process-an empirical investigation related to a package tour [J]. Journal of Customer Behaviour, 6(3): 217-227.

KUMAR J A P V, 2009. Are Product Returns a Necessary Evil Antecedents and Consequences [J]. Journal of Marketing, 73: 35-51.

KWON W, LENNON S J, 2009. Reciprocal Effects Between Multichannel Retailers'Offline and Online Brand Images [J]. Journal of Retailing, 85(3): 376-390.

LANG, CHUNMIN, JOYNER ARMSTRONG, 2017. Collaborative consumption: The influence of fashion leadership, need for uniqueness, and materialism on female consumers' adoption of clothing renting and swapping [J]. Sustainable Production & Consumption,13(2): 37-47.

LEE C, CH TINSLEY, CHEN G, 2000. Psychological normative contracts of work group member in the US and HongKong [M]. Psychological contracts in employment—cross-national perspectives, Rousseau D M, Schalk R, thousand oaks, california:Sage Publications, Inc.

LEE L, LUNG-YU L, 2013. A Study on Effect of Cognitive Dissonance on Consumption Value, Anticipated Satisfaction and Word-Of-Mouth Communication [J]. Journal of Global Business Management, 9(2): 71.

LEE S, YI Y, 2017. Seize the Deal, or Return It Losing Your Free Gift: The Effect of a Gift-With-Purchase Promotion on Product Return Intention [J]. Psychology & Marketing, 34(3): 249-263.

LEE S, YI Y, 2019. Retail is detail! Give consumers a gift rather than a bundle: Promotion framing and consumer product returns [J]. Psychology & Marketing, 36(1): 15-27.

LEVINSON H, 1965. Reciprocation: The relationship between man and organization [J]. Administrative Science Quarterly, 9(4): 370-390.

LIN Y, LIYE Z, LI Y. Research on the influence and intervention of brand psychological contract violation on customer loyalty [C]. IEEE, 2015.

LINDENMEIER J, SCHLEER C, PRICL D. Consumer outrage: Emotional reactions to unethical corporate behavior [J]. Journal of Business Research, 2012, 65(9): 1364-1373.

LIU Y, KENG C. Cognitive Dissonance, Social Comparison, and Disseminating Untruthful or Negative Truthful Ewom Messages [J]. Social Behavior and Personality: an international journal, 2014, 42(6): 979-995.

LOHMOLLER J B. The PLS program system: Latent variables path analysis with partial least squares estimation [J]. Multivariate Behavioral Res, 1989, 23(1): 125-127.

LU L L A C. Moral Philosophy, Materialism, and Consumer Ethics: An Exploratory Study in Indonesia [J]. Journal of Business Ethics, 2010, 94(2): 193-210.

LUSCH R F, BROWN J R. Interdependency, Contracting, and Relational Behavior in Marketing Channels [J]. Journal of Marketing, 1996, 60(4): 19-38.

MA B, LIU S, LASSLEBEN H, et al. The relationships between job insecurity, psychological contract breach and counterproductive workplace behavior [J]. Personnel Review, 2019, 48(2): 595-610.

MACNEIL I R. Economic analysis of contractual relations: Its shortfalls and the need for a rich classificatory apparatus [J]. Nw.u.l.rev, 1981, 75(6): 1018-1063.

MACNEIL. Contracts: Adjustment of Long-Term Economic Relations under Classical, Neoclassical and Relational Contract Law [J], 1978, 72(6): 854-905.

MALHOTRA N, SAHADEV S, PURANI K. Psychological contract violation and customer intention to reuse online retailers: Exploring mediating and moderating mechanisms [J]. Journal of Business Research, 2017, 75: 17-28.

MAO W, OPPEWAL H. Did I choose the right university? How post-purchase information affects cognitive dissonance, satisfaction and perceived service quality [J]. Australasian Marketing Journal (AMJ), 2010, 18(1): 28-35.

MATZA S D, 1957. Techniques of Neutralization: A Theory of Delinquency [J]. American Sociological Review, 22(6): 664-670.

METTE F M B, DE MATOS C A, ROHDEN S F, et al., 2018. Explanatory mechanisms of the decision to buy on credit: The role of materialism, impulsivity and financial knowledge [J].

Journal of Behavioral and Experimental Finance, 21(1): 15-21.

MINNEMA A, BIJMOLT T H A, GENSLER S, et al., 2016. To Keep or Not to Keep: Effects of Online Customer Reviews on Product Returns [J]. Journal of Retailing, 92(3): 253-267.

MITCHELL V W, BALABANIS G, SCHLEGELMILCH B B, et al., 2009. Measuring Unethical Consumer Behavior across Four Countries[J]. Journal of Business Ethics, 88(2): 395-412.

MOHR J, NEVIN J R, 1990. Communication Strategies in Marketing Channels: A Theoretical Perspective[J]. Journal of Marketing, 54(4): 36-51.

MOLLENKOPF D A, RABINOVICH E, LASETER T M, et al., 2007. Managing Internet Product Returns: A Focus on Effective Service Operations [J]. Decision Sciences, 38(2): 215-250.

MOORE H R, 1984. Shoplifting in Middle America: Patterns and Motivational Correlates [J]. International Journal of Offender Therapy & Comparative Criminology, 28(1): 53-64.

NADEEM M M, 2007. Post-Purchase Dissonance: The Wisdom of the "Repeat" Purchases[J]. Journal of Global Business, 1(2): 183.

NDUBISI N O, NATARAAJAN R, CHEW J, 2014. Ethical ideologies, perceived gambling value, and gambling commitment: An Asian perspective [J]. Journal of Business Research, 67(2): 128-135.

OGHUMA, APOLLOS PATRICKS, LIBAQUE-SAENZ, et al., 2016. An expectation-confirmation model of continuance intention to use mobile instant messaging [J]. Telematics & Informatics, 33(1): 34-47.

OLIVER R, 1980. A Cognitive Model of the Antecedents and Consequences of Satisfaction Decisions [J]. Journal of Marketing Research, 17 (4): 460-469.

O'NEILL M, PALMER A, 2004. Cognitive dissonance and the stability of service quality perceptions [J]. Journal of Services Marketing, 18(6): 433-449.

PALIHAWADANA D, OGHAZI P, LIU Y, 2016. Effects of ethical ideologies and perceptions of CSR on consumer behavior [J]. Journal of Business Research, 69(11): 4964-4969.

PARK I, CHO J, RAO H R, 2015. The Dynamics of Pre-and Post-purchase Service and Consumer

Evaluation of Online Retailers: A Comparative Analysis of Dissonance and Disconfirmation Models [J]. Decision Support Systems, 46(6): 1109-1140.

PARKS J M, SMITH F L, 1998. Organizational Contracting: A"Rational" Exchange? in Debating Rationality: Nonrational Aspects of Organizational Decision Making [M]. ILR Press: 125-155.

PAVLOU P A, GEFEN D, 2005. Psychological Contract Violation in Online Marketplaces: Antecedents, Consequences, and Moderating Role [J]. Information Systems Research, 16(4): 372-399.

PEI Z, PASWAN A, 2018. Consumers Legitimate and Opportunistic Product Return Behaviors in Online Shopping [J]. Journal of Electronic Commerce Research, 19(4): 301-319.

PETERSEN J A, KUMAR V, 2010. Can Product Returns Make You Money?[J]. MIT Sloan Management Review, 51(3): 95-99.

PETERSN J A, KUMAR V, 2015. Perceived Risk, Product Returns, and Optimal Resource Allocation: Evidence from a Field Experiment [J]. Journal of Marketing Research, 52(2): 268-285.

PFRANG T, 2015. Reducing Opportunistic Product Returns: The Potential of Self-Benefits and Social Norms [Z].

PICK D J S, THOMAS S, TILLMANNS, et al., 2016. Customer win-back: the role of attributions and perceptions in customers' willingness to return [J]. Journal of the Academy of Marketing Science, 44(2): 218-240.

PIRON F, YOUNG M, 2000. Retail borrowing insights and implications on returning used merchandise [J]. International Journal of Retail & Distribution Management, 28(7/8): 355-362.

POWERS T L, JACK E P, 2013. The Influence of Cognitive Dissonance on Retail Product Returns [J]. Psychology & Marketing, 30(8): 724-735.

PRASANTA K R, CHOPDAR V J S, 2017. Understanding psychological contract violation and its consequences on mobile shopping applications use in a developing country context [J]. Journal of Indian Business Research, 10(2): 208-231.

REYNOLDS K L, HARRIS L C, 2009. Dysfunctional Customer Behavior Severity: An Empirical

Examination [J]. Journal of Retailing, 85(3): 321-335.

REYNOLDS K L, HARRIS L C, 2005. When service failure is not service failure: An exploration of the forms and motives of "illegitimate" customer complaining [J]. Journal of Services Marketing, 19(5): 319-328.

RINGLE C M, WENDE S A W, 2005. SmartPLS 2.0(beta) [Z].

RO H, WONG J, 2012. Customer opportunistic complaints management: A critical incident approach [J]. International Journal of Hospitality Management, 31(2): 427.

ROEHLING M V, 1997. The origins and early development of the psychological contract construct [J]. Journal of Management History, 3(2): 204-217.

ROUSSEAU D M, 1995. Psychological contracts in organizations: Understanding written and unwritten agreements [M]. Thousand Oaks, CA: Sage.

ROUSSEAU S L R A, 1994. Violating the Psychological Contract: Not the Exception but the Norm [J]. Journal of Organizational Behavior, 15(3): 245-259.

RUDOLPH S, 2016. E-commerce product return statistics and trends [J]. Business to Community, 12(3): 345-360.

SAHOO N, DELLAROCAS C, SRINIVASAN S, 2018. The Impact of Online Product Reviews on Product Returns [J]. Information Systems Research, 29(3): 723-738.

SALEHI-ESFAHANI, SABA, OZTURK, et al., 2018. Negative reviews: Formation, spread, and halt of opportunistic behavior [J]. International Journal of Hospitality Management, 74(3): 138-146.

SALZBERGER T, KOLLER M, 2010. Investigating the Impact of Cognitive Dissonance and Customer Satisfaction on Loyalty and Complaint Behaviour [J]. Social Science Electronic Publishing, 9(1): 20-44.

SCHEIN E H, 1965. Organizational Psychology[M]. Prentice-Hall.

SCHIFFMAN L G, KANUK L, 2006. Consumer behavior [M]. 9th ed. Upper Saddle River, NJ: Prentice Hall.

SCHMIDT R A, STURROCK F, AND P W, et al., 1999. Deshopping-the art of illicit consumption

[J]. International Journal of Retail & Distribution Management, 27(8): 290-301.

SEGER-GUTTMANN T, VILNAI-YAVETZ I, WANG C, et al., 2018. Illegitimate returns as a trigger for customers' ethical dissonance [J]. Journal of Retailing and Consumer Services, 45: 120-131.

SEIDERS K, BERRY L L, 1998. Service fairness: What it is and why it matters [J]. Academy of Management Executive, 12(2): 8-20.

SHOHAM A, RUVIO A, DAVIDOW M, 2008. (Un) ethical consumer behavior: Robin Hoods or plain hoods? [J]. Journal of Consumer Marketing, 25(4): 200-210.

SOUTAR G N, SWEENEY J C, 2003. Are There Cognitive Dissonance Segments? [J]. Australian Journal of Management, 28(3): 227-249.

SHULMAN J D, COUGHLAN A T, SAVASKAN R C, 2009. Optimal restocking fees and information provision in an integrated demand-supply model of product returns [J]. Manufacturing & Service Operations Management, 11(4): 577-594.

SOBAIH A E E, IBRAHIM Y, GABRY G, 2019. Unlocking the black box: Psychological contract fulfillment as a mediator between HRM practices and job performance [J]. Tourism Management Perspectives, 30: 171-181.

STRUTTON D, VITELL S J, PELTON L E, 1994. How consumers may justify inappropriate behavior in market settings: An application on the techniques of neutralization [J]. Journal of Business Research, 30(3): 253-260.

SU X, 2009. Consumer Returns Policies and Supply Chain Performance [J]. Manufacturing & Service Operations Management, 11(4): 595-612.

SWAIDAN Z, RAWWAS M Y A, AL-KHATIB J A, 2004. Consumer ethics: moral ideologies and ethical beliefs of a micro-culture in the US [J]. International Business Review, 13(6): 749-761.

SWAIDAN Z, RAWWAS S J V A, 2003. Consumer Ethics: Determinants of Ethical Beliefs of African Americans [J]. Journal of Business Ethics, 46(2): 175-186.

SWEENEY J C, HAUSKNECHT D, SOUTAR G N, 2000. Cognitive dissonance after purchase: A multidimensional scale [J]. Psychology & Marketing, 17(5): 369-385.

SWEENEY J, MUKHOPADHYAY T, 2004. Cognitive Dissonance after Purchase: A Comparison of Bricks and Mortar and Online Retail Purchase Situations [J]. 14(1-2): 116-124.

SWINNEY R, 2011. Selling to strategic consumers when product value is uncertain: The value of matching supply and demand [J]. Management Science, 57(10): 1737-1751.

TAY A, LEES C, DAR O L, 2016. Job performance expectations and perceptions of retail employees: Cognitive dissonances between self-reports and supervisor-ratings [J]. 47(3): 13-23.

THYROFF A, KILBOURNE W E, 2018. Self-enhancement and individual competitiveness as mediators in the materialism/consumer satisfaction relationship [J]. Journal of Business Research, 92(11): 189-196.

TSIROS M, MITTAL V, 2000. Regret: A model of its antecedents and consequences in consumer decision making [J]. Journal of Consumer Research, 26(4): 401-417.

VITELL S J, 2003. Consumer Ethics Research: Review, Synthesis and Suggestions for the Future [J]. Journal of Business Ethics, 43(1-2): 33-47.

VITELL S J, PAOLILLO G P, 2003. Consumer ethics: the role of religiousness [J]. Journal of Business Ethics, 11: 151-162.

VITELL S J, RAWWAS J R L A, 1991. Consumer Ethics: An Investigation of the Ethical Beliefs of Elderly Consumers [J]. Journal of Business Ethics, 10(5): 365-375.

VITELL S J, SINGHAPAKDI A, THOMAS J, 2001. Consumer ethics: an application and empirical testing of the Hunt-Vitell theory of ethics [J]. Journal of Consumer Marketing, 18(2): 153-178.

WACHTER K, VITELL S J, 2012. Exploring Consumer Orientation Toward Return: Unethical Dimensions [J]. Social Science Electronic Publishing, 21: 115-128.

WACHTER K, VITELL S J, SHELTON R K, et al., 2012. Exploring consumer orientation toward returns: unethical dimensions [J]. Business Ethics: A European Review, 21(1): 115-128.

WANG C, CHEN J, CHEN X, 2018. The impact of customer returns and bidirectional option contract on refund price and order decisions [J]. European Journal of Operational

Research,274(1): 267-279.

WANGENHEIM F V, 2005. Postswitching Negative Word of Mouth [J]. Journal of Service Research, 8(1): 67-78.

WANG Q, MENG L, LIU M, et al., 2016. How do social-based cues influence consumers' online purchase decisions? An event-related potential study [J]. Electronic Commerce Research, 16(1): 1-26.

WANG R, LIU H, JIANG J, et al., 2017. Will materialism lead to happiness? A longitudinal analysis of the mediating role of psychological needs satisfaction [J]. Personality and Individual Differences, 105: 312-317.

WATHNE K H, HEIDE J B, 2000. Opportunism in interfirm relationships: Forms, outcomes, and solutions [J]. Journal of Marketing, 64: 36-51.

WILKINS S, BECKENUYTE C, BUTT M M, 2016. Consumers' behavioural intentions after experiencing deception or cognitive dissonance caused by deceptive packaging, package downsizing or slack filling [J]. European Journal of Marketing, 50(1/2).

WILLIAMSON O E, 1975. Markets and Hierarchies: Analysis and Antitrust Implications: A Study in the Economies of Internal Organization [M]. New York: Free Press.

WILLIAMSON O E, 1996. The Mechanisms of Governance [M]. New York: Oxford University Press.

XU X, JACKSON J E, 2019. Investigating the Influential Factors of Return Channel Loyalty in Omni-Channel Retailing [J]. International Journal of Production Economics, 210: 141-153.

YANG S, LU Y, CHAU P Y K, 2013. Why do consumers adopt online channel? An empirical investigation of two channel extension mechanisms [J]. Decision Support Systems, 54(2): 858-869.

YAP S, GAUR S S, 2014. Consumer Dissonance in the Context of Online Consumer Behavior: A Review and Research Agenda [J]. Journal of Internet Commerce, 13(2): 116-137.

YUAN J, ZHOU Z, ZHOU N, et al., 2018. Product market competition, market munificence and firms' unethical behavior [J]. Chinese Management Studies, 12(3): 635-656.

ZEELENBERG M P R, 1999. Comparing Service Delivery to What Might Have Been [J]. Journal of Service Research, 2(1): 86-97.

ZHAO B, XU S, 2013. Does Consumer Unethical Behavior Relate to Birthplace Evidence from China [J]. Journal of Business Ethics, 113(3): 475-488.

ZHAO S, WU F, JIA T, et al., 2018. The impact of product returns on price and delivery time competition in online retailing [J]. Computers & Industrial Engineering, 125(11): 658-667.

ZOU L W, CHAN R Y K, 2019. Why and when do consumers perform green behaviors? An examination of regulatory focus and ethical ideology [J]. Journal of Business Research, 94(1): 113-127.

附　录

附录 A　消费者网购退货经历访谈

您好！万分感激您在百忙之中接受我们的调查，您所提供的信息对本次研究非常有价值，本次调查的目的是了解消费者在网络购物中的退货现象。请您根据自己实际情况作答，您所提供的信息将对本次调研非常有用。本调研纯粹用作学术研究，您的所有回答我们都将严格保密，敬请放心作答！十分感激您的鼎力帮助！

针对网购顾客的访谈内容

1. 请您回顾一下在最近的半年网络购物中是否有过退货的经历？

2. 是什么原因导致这次退货？

3. 请您描述一下那是一种什么样的经历。您当时的态度和情绪是怎么样？

4. 因为不满意您就选择退货吗？在什么情况下您会选择退货？在什么情况下您最后还是放弃了退货？

5. 您认为什么情况下退货是合理性退货行为？什么情况下是不合理的？您认为网购中会发生机会主义退货行为吗？

6. 您对互联网平台商家退货政策了解吗？您觉得无理由退货政策可以让您无后顾之忧、放心的购物，不好就退货吗？

7. 您有过网购商品用过一段时间，然后找个理由把它退掉的经历吗？

8. 您有过商品因自己过失弄坏了而退货的经历吗？

9. 对于一些服装、鞋子之类的产品您有过一次多订购几款，然后把不满意的退掉的经历吗？

10. 您觉得网络退货麻烦吗？

11. 您觉得网购退货程序复杂吗？

12. 您觉得会有人利用无理由退货政策，进行恶意差评退货吗？

针对网店客服人员的访谈

1. 您觉得顾客就是上帝，网购顾客退货的任何理由都是合理的吗？

2. 您遇到过不合理、不诚信、恶意退货的顾客吗？您是怎么处理的？

3. 您觉得顾客哪些情况下退货是合理的和可以接受的，哪些情况下是不合理的？

4. 您觉得平台无理由退货规则合理吗？

5. 您觉得会有人利用无理由退货政策，故意多次退货吗？

6. 您觉得退货率的升高主要原因是什么？（商品质量原因、平台退货规则、退货运费险）

附录 B　网购心理契约违背调查

维度	您在多大程度上赞同以下看法	非常不同意→非常同意					
	题项	1	2	3	4	5	6
感知信任违背	某平台上大品牌的商品辜负了我的信任，居然也会卖高仿品						
	某平台直营店、旗舰店辜负了我的信任，也会卖出水货						
	多年信赖的某平台也会出现货不对板的情况						
	某平台辜负了我的信任，高销量的商品质量竟然这么次，好评是刷出来的						
	感觉某平台节假日打着促销活动的都是骗人的						
	作为某平台多年会员顾客，第一次遇到这样差的售后服务						
感知责任违背	感觉平台缺乏对第三方产品质量有效监管						
	出现问题时，商家、平台及物流间会互相推诿责任						
	客服推卸责任对顾客态度不理睬						
	客服责任心不强						
	店家没有提醒顾客正确使用						
	网购售后安装服务不专业						
	店家产品质量有问题，所卖的产品来路不明						
感知承诺违背	商家赠品没有兑现						
	商家承诺补偿没兑现						
	商家承诺返运费后不兑现						
	商家承诺会尽快发货，却迟迟不发货						
	商家承诺 100% 正品，到手后发现质量很差						
感知公平违背	买后就降价太不公平了，申请保价要收服务费						
	凭什么超过价保期就不保障						
	凭什么安装费还要我出						
	为什么我买的时候啥也不送，别人买完后就有送赠品						
	促销活动后价格反而更低了						
	新买的产品质量问题，只能送去维修						

附录 C　合理性退货行为研究

您好，十分地感激您在百忙之中能够抽出时间来接受我们的调查。您所提供的信息对于我们的研究将提供巨大的帮助。本次研究是为了探究消费者在网络购物中的合理性退货行为。请您放心填写答案，本次研究将只限于学术研究，所有问题都将会完全保密。也衷心地感谢您的参与。

第一部分　调研的主题

维度	题项	非常不同意→非常同意					
	（请评议以下导致退货原因）	1	2	3	4	5	6
感知信任违背	某平台上大品牌的商品辜负了我的信任，居然也会卖高仿品						
	某平台直营店、旗舰店辜负了我的信任，也会卖水货东西						
	多年信赖的某平台也会出现货不对板的情况						
	某平台辜负了我的信任，高销量的商品竟然这么次，好评是刷出来的						
感知责任违背	出现问题时，商家、平台及物流间会互相推诿责任						
	商家推卸责任对顾客态度不理睬						
	商家责任心不强						
感知承诺违背	商家赠品没有兑现						
	商家承诺补偿没兑现						
	商家承诺返运费后不兑现						
感知公平违背	买后就降价太不公平了，申请保价要收服务费						
	凭什么超过价保期就不保障						
	凭什么安装费还要我出						
	为什么我买的时候啥也不送，别人买完后就有送赠品						

续表

维度	题项 （请评议以下导致退货原因）	非常不同意→非常同意 1	2	3	4	5	6
期望不一致	该产品与我的生活方式不相符合						
	该产品不符合我的需求						
	该产品与我喜欢的做事方式不相符合						
产品失调	感觉不需要						
	感觉决策失误，买错了						
	感到被欺骗						
情绪失调	感到心里不舒服						
	感到失望						
	感到很气愤						
退货成本	网购退货要花很多时间						
	退货申请手续太麻烦，过程很长						
	网购退货要花很多精力						
	网购退货不是很方便						
	网购退货运费较高						
合理性退货行为	因产品缺陷退货，我觉得合理						
	由于卖方的过错而退货，我觉得合理						
	因改变主意而退货，我觉得合理						
	因为在其他地方发现更低的价格而退货，我觉得合理						

第二部分　基本信息

您的性别	（1）男　（2）女
您的年龄	（1）18 岁以下　（2）18~25 岁　（3）26~30 岁　（4）31~40 岁 （5）41~50 岁　（6）51~60 岁　（7）60 岁以上
您的学历	（1）初中　（2）高中　（3）大学专科　（4）大学本科　（5）硕士研究生及以上
您的月收入	（1）3000 元以下　（2）3000~6000 元　（3）6000~1 万元　（4）1 万 ~2 万元 （5）2 万元以上
您的网购退货经历	（1）从来没有　（2）很少　（3）偶尔　（4）中等　（5）经常

附录 D 网购机会主义退货行为

您好！万分感激您在百忙之中接受我们的调查，您所提供的信息对本次研究非常有价值，本次调查的目的是了解消费者在网络购物中的机会主义退货现象。请您根据自己网络购物实际情况作答。您所提供的信息将对本次调研非常有用。本次调研纯粹用作学术研究，您的所有问题我们都将严格保密，敬请放心作答！十分感激您的鼎力帮助！

第一部分 调研的主题

维度	您在多大程度上赞同以下看法	非常不同意→非常同意					
	题项	1	2	3	4	5	6
理想主义	每个人都应该确保自己的行为不会给别人造成即使是很小程度上的伤害						
	我绝不会让别人去为我冒险，哪怕是很小的风险						
	不管为了何种利益，若有伤害他人的可能，这行为就是错的						
	每个人的行为都不该对他人造成心理或生理上的伤害						
	每个人都不应该作出任何可能威胁到他人尊严和幸福的行为						
相对主义	道德标准是具有很强的个人主义的；你认为是道德的，他可能会认为不道德						
	不同的道德不可以用“对”与“错”来进行比较						
	道德标准只是个人的行为规范，并不适合用于去判断他人的行为						
	道德的考虑在人际关系中是非常复杂的，应该允许个人按照自己的行为准则来行事						
	道德上禁止某类行为会妨碍人际关系的改善和调节						
寻求消费刺激需求	我在外面餐馆吃饭时总喜欢尝试最具特色的菜						
	我认为尝试新产品是一种探索而不是冒险						
	我是那种任何新产品都想尝试下的人						

续表

维度	您在多大程度上赞同以下看法	非常不同意→非常同意					
	题项	1	2	3	4	5	6
寻求消费刺激需求	我宁愿选择常买的牌子，也不愿尝试新的（r）						
	我在尝试新产品时会很谨慎（r）						
	我期待每次购物之旅都很令人兴奋						
感知控制力	我熟悉大多数网店退货的规定						
	我有过多次网购退货经历						
	我熟悉无理由退货政策可以保护我退货时所享有的权利						
	我了解在什么情况下网店不会拒绝我的退货要求						
机会主义退货态度	临时救急买来该商品用下，退货对商家没有什么影响						
	网店在赚我的血汗钱，我的任何退货都在他们承受的范围内						
	网店的商品价格都会被标高，足以弥补顾客因使用过或弄坏的商品退货的成本						
	在退货期内把用过的商品退货给商家，对商家几乎没有什么危害，商家会进行二次销售的						
	在退货期内把不小心弄坏的商品退给商家，我觉得没什么不对						
	退回一本已读的书实际上并不损失商店任何东西						
主观规范性	我的朋友们觉得把使用过的商品退掉并没有什么不妥						
	我的家人觉得退回用过的产品并没有什么不妥						
	我周围的人都认为网上多项购买，保留一个喜欢的退回其余的是可以接受的						
	我的朋友认为，把弄坏的产品退回是可以的						
机会主义退货行为	多拍不同款式、不同颜色、不同价格的衣服，然后把不中意的都退掉						
	把自己用过或用坏的商品退还给商家						
	与家人或朋友分享自己如何把用过或用坏的商品退掉						
	由于手头不宽裕，拍些很贵的商品来体验几天就退掉						

续表

维度	您在多大程度上赞同以下看法	非常不同意→非常同意					
	题项	1	2	3	4	5	6
机会主义退货行为	出门旅游前在网上多买几款时尚的服装进行拍照，旅游完了后就把它们退掉						
	从网上临时购买贵的衣服去参加朋友婚礼，参加完宴会后就退掉						

第二部分 基本信息

您的性别	(1)男 (2)女
您的年龄	(1)18岁以下 (2)18~25岁 (3)26~30岁 (4)31~40岁 (5)41~50岁 (6)51~60岁 (7)60岁以上
您每个月用于网购开支在	(1)200元以下 (2)200~500元 (3)500~1000元 (4)1000~5000元 (5)5000元以上
您的网购退货频率	(1)从来没有 (2)非常少 (3)偶尔几次 (4)中等 (5)非常多